「西部邁」を語る

森田 実 *Morita Minoru*
藤井 聡 *Fujii Satoshi*

論創社

はじめに／森田 実

西部邁（一九三九～二〇一八）という畏友についての本を、尊敬する藤井聡教授と共著のかたちで上梓できることは、この上ない喜びである。

西部は、ある意味、一筋縄ではいかない「知の巨人」であった。該博な知識と深い教養を背景に、持ち前の明晰な頭脳を駆使した言説は、時として人を幻惑するものだった。しかし、なぜか人に好かれる男でもあった。

この西部の最後の弟子を自認するのが藤井聡教授である。実際、西部がこの世を去るまでの最後の二十年間、西部のごく近くで藤井教授は過ごしてきた。その近さは物理的距離だけを指すのではない。西部の精神の真髄との距離である。西部邁という男の、ナイーヴでありながら強靭な精神と伴走してきたのが藤井教授だと私は思う。さぞかし西部は心強いことであったろう。時には毒舌を吐き、また他者の容喙を許さぬ鋭い論評ゆえに誤解されることも、ままあった西部である。


そんな藤井さん（あえて、こう呼ばせていただく）と、本書を編むことができたのは、私にとって幸運なことである。西部がこの世を去ってから、時折、藤井さんと会うごとに、どちらからともなく「西部の思い出を一冊の本にまとめてみよう」ということになった。二人で西部について語り合い、西部邁の人間像を私たち二人のそれぞれの視点から明らかにしてみようと考えた。

折から、藤井さんは安倍晋三内閣の内閣官房参与を務めておられ、上京した際に私が内閣府の藤井さんのオフィスに行って対談したこともあった。また、藤井さんが東京新宿区西早稲田の私の研究室に足を運んでくれたこともある。さらには、私が京都に行った時、藤井さんのご自宅にお邪魔して長時間にわたって語り合ったこともあった。京都のお宅では話が弾み、いつしか夕餉の時間となってしまい、京料理「おばんざい」をご馳走になった。これは美味だった。ビールも進んだ。忘れ得ぬ京都の味である。

本書を編むにあたっては、藤井さんとの対談の他、西部自身が私について書いた文章や、私と西部がテレビで対談した内容を録画から全てを文字化して本書に掲載する労を、藤井さんにはかけてしまった。その上、それらについての解説も藤井さんが執筆してくださった。さらには、西部を理解する上で欠かすことのできない西部の遺稿（本書、付論「同意形成は公的活動へのなかで」）を収録できたのも藤井さんの尽力による。ただただ感謝あるのみである。

私は、藤井さんの親しい友人であるとともに、「藤井聡」の熱烈ファンでもある。ある時、東京都下で藤井さんの講演があると知った。小学校でのＩＣＴ教育についての研究発表会で記念講演を藤井さんがすると聞いて、いそいそと出かけた。確か冬の寒い日で、新幹線が遅れたらしく、講師の藤井さんは会が始まっても会場に着けていなかった。

研究発表が滞りなく進んだ頃、主催者から、「万が一、藤井先生がお見えになれなかったら、代わりに森田さんがお話をしてくれませんか」と依頼された。来場している教諭や地方議会議員たちは、メインの藤井さんの講演を楽しみに来ている。それなのに、満足にキーボードも叩けない私などが出る幕ではないので固辞したのだが、主催者の困惑ぶりも気の毒だった。それでは、と覚悟を決めたところで、藤井さんが会場に姿を現した。私は恥をかかなくて済んだ。懐かしい思い出である。


二〇二二年一〇月二三日に私は満九〇歳を迎えた。二階俊博衆議院議員など親しい友人たちが発起人となって、一一月八日に帝国ホテルで私の卒寿を祝う会を開いてくれた。もったいないことに広い会場に立錐の余地もないほど数多くの方々にお越しいただいた。そこで私は、宣言してしまった。「静かに引退していくつもりだったのですが、今日を境に、再び仕事をしたいと思います。まだ、やり残した仕事がたくさんあります。企画中の本だけでも何冊かあるので、ぜひ完成させて出版したいと思います」と。

その企画途中だった一冊が本書である。その時点で、かなり草稿は進んでいたのだが、藤井さんが急ピッチで残りの作業を進めてくれた。齢九〇を迎えると、元気だと思っていた身体も九〇年の酷使に耐えかね、あちらこちらに支障がでてきた。二〇二二年末、検査入院したのだが、そのまま緊急手術となった。手術そのものは大成功だった。しかし、私の体力が衰退していて入院加療を余儀なくされ、今、私は病院のベッドにいる。

病床にあっても、着々と本書刊行の準備が進んでいることが伝えられ、非常に嬉しく思っている。本当に藤井さんにはお世話になった。

思えば、西部が逝去したとの報を受けたのは、私が信州木曽谷を講演で訪れていた冬の日だった。小雪が舞う林の中の道を車は進んでいた。あれから今日で、ちょうど五年が経過した。

西部邁は類い稀なる優れた学究だった。いい仕事をたくさん成し遂げた。西部の最後の傑作が、「藤井聡」なのだと私は思う。

二〇二三年一月二一日　東京有明の病室にて

#「西部邁」を語る　目次

「西部邁」を語る

第一章　【対談】「西部邁」を語る　森田実×藤井聡

二〇二一年九月二一日　場所・森田実地球文明研究所
（東日本国際大学早稲田キャンパス）

大学生、西部邁青年との学生運動における出会い

〔藤井〕　西部邁先生が自裁されたのが、二〇一八（平成三〇）年の一月二一日、東京で大雪が降った日でした。あれからもうおおよそ五年が経ちましたですね。

【森田】　そうですね。今回、そんな西部さんについて、西部さんの晩年、一番近くにおられた方々の一人だった藤井先生の話をお聞きしながら、西部さんを回想しつつ、あれこれ対話してみようと思い、今日、こういう場を創らせて頂いたわけです。もちろん、一回では無理でしょうから、何回かかけて、じっくりとお話をさせてください。どうか、よろしく御願いします。

〔藤井〕　僕が西部先生に最初に会ったのは、今からおおよそ二十数年前、僕が三〇過ぎの頃だったんですが、森田先生は、当方が西部先生の弟子になる遙か昔、西部先生がまだ学生の頃からお付き合いで、かつ、西部先生がまだ若手研究者だった頃特に深く付き合っておられたと伺っています。そういう意味で、西部先生から見ると、七九年弱の生涯の内の、最後の二十年間だけ当方がご一緒させて頂いたわけで、今から六十年以上前、西部先生がまだ若かった頃に特に深くお付き合いをされていた森田先生と、西部先生の話をあれこれお伺いできますことは、本当に楽しみにして参りました。

特に今日は、森田先生と西部先生が会われた頃、西部先生が大学生や学生運動をされたり若手の経済学の学者として活躍していた頃のお話を是非、詳しくお伺いいたしたいと思ってございま

す。西部先生が東京大学を辞めて評論家、言論人として活躍されていた頃の記憶はこれまで様々な論者から、様々に論じられてきているのですが、西部先生のお若い頃のお話、とりわけ「学者」としてのお話はこれまで当方もお伺いしたことが少ないんですが、「西部邁」の原点はそこにあるに違いないと感じています。

また、そういう西部先生の若手時代の原点を理解する上でも、当時の「時代背景」というのをしっかりお聞きすることも大切だと感じています。我々は常に、生まれ落ちた時代背景に対するある種の「反応」「反発」として思想や評論を紡ぎ出す事になりますから、思想家、評論家としての、とりわけ当時の「学者」としての西部邁が、一体どういう背景の下で生み出されたのかを理解することは、「西部邁」の理解、解釈において極めて重要だと思うからです。

ついては是非、時代背景的なところも含めて、詳しくお聞かせ頂ければ、大変に有り難いと思う次第です。どうぞ、よろしくお願い致します。

【森田】 そうですね、ただ、私と西部さんとは、世間では学生運動繋がりのように理解されているんですけれども、年代が相当違うんです。私は、一九三二年生まれなんです。

『**藤井**』 なるほど、西部先生は一九三九年生まれ、ということで、森田先生の七つも下になられるわけですね。

【森田】 そうです。で、私は東大に入るのに一年浪人しまして、一九五二年四月に大学に入りまして、駒場は二年で通過したんですが、本郷の学部を四年やりまして、結局卒業したのは、一九五八年三月だったわけです。

〔藤井〕　西部先生の東大入学はまさにその一九五八年の四月、でしたですよね。

【森田】　そうです。

〔藤井〕　だから、西部先生とは、東大ではいわば、すれ違い、になってるわけですね。

【森田】　ただ僕は、大学を卒業して、そこで学生運動を引退するつもりだったんですけれども、共産党と全学連とが対立関係になりましてね、卒業しても学生運動に暫く関わる事になったんです。我々は、まだあの時には党員だったわけですけれども、当時は、学生の割合が多かったんです。

特に、東大の場合は本郷で二〇〇人ぐらい、職員とか教授／助教授でも党員が二〇〇～三〇〇人くらいいて、駒場でも一五〇人ぐらいおりましたですね。で、私は、全学連再建だって言って、全学連の最高の責任者をやっていましたから、闘いの中心だったわけです。だから抜けようと思ったんですが抜けられなくて（笑）。

〔藤井〕　卒業されても、学生運動に関与され続けたわけですね？

【森田】　ええ。まあだからそのおかげで、私は西部さんが学生の頃から会う機会があったわけですが。

私の同志が、その後、六〇年安保で中心になりました島成郎《しましげお》（一九三一～二〇〇〇）――これは、私より入学は二年上だったんですが、ストライキを一九五〇年に指揮しまして、停学処分になって、二年後の一九五二年に復学して、私と同学年になりましてね、共産党は、当時理科系は三人しかいませんでしたから、同志になって、非常に仲良くなったんです。

それから一年下に、香山健一（一九三三〜一九九七）という優秀な人間がいまして。後に、学習院大学教授になった男ですが、これが、駒場の委員長になりまして。だいたい学生運動エリートコースは、駒場の委員長なんですね。次に、全学連の書記長になりまして、中心だったんですけれども。結核になりまして、絶えず微熱があって大変だという状況だったんです。

で、先程申し上げた、学生運動の中心にいた島には、喘息がありまして、小児喘息で非常に苦しんでいまして。

つまり、当時の学生運動の中心的な島だとか香山だとかが病弱だっていうことがあって、私自身は卒業したんですが、病弱な彼等のかわりにあれこれやらなきゃいけない、っていうことになって、抜けられなくなってしまったわけです。で、その結果として、卒業したんですが、その卒業した年の末まで、つまり、一九五八年一二月まで学生運動をやっていたんです。で、その一二月に全学連の大会を開きまして、香山委員長とか私だとか島だとかが皆、一応引退する、っていうことになったわけです。

で、西部さんは先程も申し上げましたが、昭和三三年、一九五八年入学ということで、我々よりも世代が少し下になるので、大学ではすれ違いになったんですね。ただ、その後、四年下の唐牛健太郎（一九三七〜一九八四）という、北海道大学の学生を全学連に引っ張り出して、僕らの後の運動を託したわけですが、その唐牛健太郎《かろうじ》はよく、私のところを訪ねてきたりしてたんです。で、その時に、西部さんも唐牛健太郎とよく一緒だったですね。それは六〇年安保の後だったんじゃないかと思いますが。だから学生さんだった頃から、西部さんのことは直接知っていた、っていうことになるわけです。

「経済学者・西部邁」が誕生

〖藤井〗　なるほど。ただ、本格的に西部先生と様々にお仕事を始められる様になったのは、学生運動においてというよりもやはり、西部先生が卒業されて、「経済学の研究者」として活躍をし始めた頃から、ということになるんでしょうか？

【森田】　そうなんですね。

　私はその頃、日本評論社で、編集局出版部でやっていたんですね、『資料・戦後二十年史』（一九六八年）だとか。

〖藤井〗　その頃の経済学を巡る時代背景を、少し詳しく教えていただけますか……？

【森田】　はい。当時、東大では経済学部教授で、社会政策をやっていた大河内一男（一九〇五～一九八四）というのが東大総長になったんですが、その後を隅谷三喜男（一九一六～二〇〇三）という人が後を継いだんです。で、その時、隅谷さんは労働経済学という分野を確立したいというので、講座の名前を労働経済論っていうのにしたりしてたんですが、そんな隅谷さんの労働経済学の一般化に、日本評論社の立場で私はあれこれ協力したりしてたんです。

当時の東大の経済学部には宇野弘蔵（一八九七〜一九七七）とか鈴木鴻一郎（一九一〇〜一九八三）というボス教授連中がいて、彼等がやってたいわゆるマル経（マルクス経済学）が東大経済学部においては完全に支配的だったんです。で、彼等は皆、「資本論の解釈学」なんてことやってたわけです。

が、私は当時、「現状分析をできないような経済学は意味ない」なんてことを考えまして、会社でも相談しつつ、当時、大阪大学にいた安井琢磨（一九〇九〜一九九五）と熊谷尚夫（一九一四〜一九九六）の二人に相談して、うちの会社の日本評論社には『経済評論』と『経済セミナー』の二つの雑誌があるし、経済専門の出版部もあるんだけれども、「現状分析をする経済学に方向転換したい、どうしたらいいか？」という相談をしたんですね。

この時相談した安井琢磨さんっていうのは、東大出身者としては珍しく近代経済学者で、河合栄治郎（一八九一〜一九四四）門下の一人ですね。で、もう一人の熊谷尚夫さんっていうのはこれも東大の経済を出て、福島高商（福島高等商業学校）の教授をした後、大阪大学に行って、近代経済学の教授になった人です。日本評論社からマクロ経済学、ミクロ経済学という二冊の本を出しまして。これがベストセラーになりまして、有名な人になったんですが。

この安井琢磨さんと熊谷尚夫さんに会いまして、近代経済学を盛り立てるにはどうしたらいいか、って相談したわけですが、そうしますと、宇沢弘文（一九二八〜二〇一四）君がシカゴ大学教授を辞めて東京に戻ってくる、どこへ戻るか分からないけれども、おそらく東大に戻るんじゃないか、だから、彼に相談してみたらどうかと言うんですね。

〔藤井〕なるほど！　そこで、後に西部先生を若手の経済学者として指導される宇沢弘文先生と、森田先生との繋がりが出来ていく事になったわけですね。

【森田】ただ後で改めてお話ししますが、西部さんを推したのは宇沢さんだけじゃなくて、近代経済学をやってた皆が、珍しく一致して西部を推したんですがね。まぁ、話を戻しますと、その時に、社長や編集局長も一緒に、私と、両先生と五人で会ったんですが、その時に、まぁ、ひとつやってみようかということになったわけです。で、宇沢さんのお母様が中野に住んでいたものですから、お訪ねして状況を聞きましたら、当時は羽田空港――確か成田はなかったんだと思うんですが――それで、羽田空港まで宇沢さんを迎えに行きまして、それで、お母様がおられる中野までお送りしたわけです。

で、その時に、これから指導を受けたいということを申し上げたわけです。

〔藤井〕当時、宇沢先生はおいくつぐらいだったんですか？

【森田】宇沢さんは昭和三（一九二八）年生まれで、私は昭和七（一九三二）年ですから、四歳上になるんですかね。私がその時に三〇代の半ばぐらいだったんじゃないかと思いますね。

〔藤井〕じゃあ宇沢先生は三〇後半ぐらいだったわけですね。

【森田】そうですね。それで宇沢先生と知り合いになりまして。そのうちに「一杯飲みましょう」ということになったら、相当の酒豪で。特にビールが好きで。私も一緒に飲んでいるうちに、非常に気が合いまして。

そんな頃、宇沢さんが「森田君、キミが『経済セミナー』の編集長になるんだったら、協力していいよ」と言うんですね。当時は、「マル経」系の、別の堅いタイプの人が編集長やっていたんですけど、宇沢さんがそう言ってますよ、っていうことを言いつつ会社で相談しましたら、「ひとつ宇沢さんに協力してもらうために、そうするか」っていうことになって、私が『経済セミナー』の編集長になったわけです。

当時私は出版部長という職務をやらせてもらっていたんですけど、『経済セミナー』の編集長になって、それで宇沢さんが編集顧問になりまして、宇沢さんと相談しつつ編集するようになったわけです。そうやって、『経済セミナー』をガラリと変えまして。縦組みの雑誌では駄目だから横組みにしよう、そして数字をどんどん入れるようにしよう、宇沢さんの推薦する著者をどんどんやろうと。

冒頭は、大御所の安井琢磨さんにインタビューしまして。安井琢磨さんも、自分の話がきっかけでそういうことになったものですから、協力してくれまして。

【**藤井**】　それは凄い話ですね！　今は経済のメディアはテレビも雑誌もインターネットも出版も実にたくさんできましたから、どれだけメディアで頑張って情報、メッセージを発信しても、なかなか時代が変わっていくなんてことも実感できないですし、そこに、大学教授が大学教授の本流の仕事として直接関与して時代を変えていこうなんてことはますます難しくなってきていますが、当時はまさにそういうことができた時代なんですね。実際、その後の経済政策の流れを見ますと、森田先生が宇沢先生を顧問として編集された『経済セミナー』で論じられていた『近代経済学』という新しい学術的潮流が影響力を発揮して、日本を豊かな国に仕立て上げていく流れが実際に作り上げられていったわけですから。

率直に申し上げまして、恥ずかしながら誠に羨ましく感じてしまいますですね(笑)。今やもう、メディアやアカデミズムが時代を変えるっていうより、政府や財界といった権力システムの腰巾着のように振る舞うのが趨勢となっているわけですから。隔世の感があります。

【森田】 当時は宇沢さんと同じ世代の人も大勢いましたよ。

京都大学にも近代経済学の実力者がいましたね。それから、一橋には藤野正三郎(一九二七～二〇一二)とか。東大の駒場には、ちょっと先輩の内田忠夫(一九二三～一九八六)だとか。また、東大の本郷には、小宮隆太郎(一九二八～二〇二二)などがいました。そういう、だいたい昭和二～三年生まれの人たちのなかで近経をやっている人たちがかなりいまして。

みんな賢者ですね。私はそれらを次々とインタビューして、分かりやすくしようというので。それで『経済セミナー』でずっと連載していたんです。その間、宇沢さんも時々登場するという形でやっていたんですね。

そうしましたら、駒場に親しい人が大勢いたんですね。駒場の社会科学系では、経済学では内田忠夫。これは、池田勇人（一八九九〜一九六五）の高度経済成長政策を下村治（一九一〇〜一九八九）さんと一緒にやった人です。それから、国際政治では衛藤瀋吉（一九二三〜二〇〇七）さん。これが両巨頭で頑張っていたんですね。そのもとに、佐藤誠三郎（一九三二〜一九九九）とか、公文俊平（一九三五〜）とか。それから、成蹊に行った竹内靖雄（一九三五〜二〇一二）とか、そういうのがいましてね。

佐藤誠三郎と公文俊平は、私より一年下で。私が自治会の常任委員としてガイダンスと言いますか、各クラスを回って自治会に入って運動しろという役をやっていた時に知り合った人たちなんですね。その後、仲良くしていた人たちなんですが。

『ソシオ・エコノミックス』を出版し頭角を現す

【森田】 彼らとそうやって仲良くなっていったわけですが、そんなある時、内田さんから、西部邁という助教授がいる。学生運動をやって逮捕されたり苦労した男だが、優秀で大変いい学者だ。横浜国大から東大の助教授で駒場に来たのだけれども、何とかもう少し世に出したい。ひとつ、『経済セミナー』で協力してくれないか、という話なんですね。

そのことをこの直後に出会った衛藤瀋吉さんに話したら、「西部のために頼むよ」というんですね。公文俊平、佐藤誠三郎、竹内靖雄も「ひとつ頼むよ」ということで「西部さんは期待され、好かれているな」と思いましたね。

〖藤井〗好かれていたんですね（笑）。

【森田】非常に好かれていた。それは西部さんの最大の印象でしたね。みんなに好かれていたなと。

そんなに大勢の人が私に頼んでくるのは珍しいことでした。編集長をしていると、かなり頼まれました。私は、頼まれたことは実現しようとしていました。西部さんのように大勢から頼まれるのは滅多になく、西部というのは人望ある人間だなと。好かれるというのは、社会においてはものすごく重要な要素ですね。

例えば、役人が上までいけるかどうか、どこが分かれ道か調べたら、好かれるか／好かれないかでした。能力よりも好かれるかどうかという要素が一番大きい（笑）。政界でも同じです。西部さんは好かれていましたね。

〖藤井〗もちろん、優秀だと思われていたんでしょうね。

【森田】優秀だと思われていました。期待されていました。

〖藤井〗優秀だと思われているだけじゃなくて、そこにもう一飜《ファン》、二飜好かれていたと（笑）。

【森田】優秀だから、われわれ編集者も『経済セミナー』で西部さんを応援しようということになりました。みんなに好かれていたからでした。優秀で好かれて、そこまで皆さんが推すんだったらと……。

〖藤井〗そこ、西部先生の最大の要素ですね。結局、僕らもどれだけ厳しくやられても好きでしたからね（笑）。

【森田】　それで、西部さんと会ったんです。私は西部さんに、「毎月、書きたいだけ書いて下さい。内田さんだとか、宇沢さんも、衛藤さんも、佐藤さんも、みんなあなたが好きで頼むというので、ここまで頼まれたら、西部さん、あなたの自由にしていいですよ」と言ったんです。

それで、『ソシオ・エコノミックス』だったと記憶していますが、西部さんの連載を始めたのです。担当編集者は私の部下で、もう亡くなった高野君という早稲田を出た優秀な青年で忠実そのもの。彼は西部さんに好かれました。

一年ぐらい連載した時に、中央公論が本にしたいと。中央公論の方が、日本評論社よりランクが上だから「それは良かった」となりました。宇沢さんも一年ぐらいやった後、岩波が「宇沢さん、岩波でやって下さい」と。岩波の出す金額の桁が違うんですよ。我々日本評論社という貧乏出版社と、岩波書店とでは差があり、また影響も違うんですね。ですから、だいたい一年ぐらいやると、そういう一ランク上の出版社が声をかけてくるのです。我々は喜んで著者を送り出すのです。そういう出版社の役割分担があるのです。ですから宇沢さんも一年間やって岩波へ行く。西部さんも中央公論に行くことになりました。

これで西部さんは吉野作造賞を取りまして（一九八三年）、一気に西部さんが全国化しました。普通はそれで我々のところからは離れていくんですが、西部さんは違いました。ここが西部という人の個人的な魅力ですかね。私とか高野君とか、日本評論社で仲良くなった人たちのところへ絶えず現れるわけです。絶えず現れる。そこが普通と違うところです。

〖藤井〗 学問にしても言論にしても、何よりも大切なのはそういう社交だって西部先生はいつもおっしゃっておられましたが、そういう姿勢は、その頃からあった、っていうことなんですね。

西部さんは、麻雀が大好きだけれど、弱かった

【森田】 西部さんは賭け事が好きなんですよ。麻雀が好きなんです。それで、麻雀のメンバーを我々がすぐ集めて、西部さんが入って卓を囲みます。当時は土曜日も勤務があったのですが、土曜日の午後から近くの雀荘で夜一一時半までできるわけです。それ以降は警察が来るのでお開き。

そこで、悔しいからもう少しやりたいという人は、私の家に来ます。私は白金台で一軒家に住んでいました。大きな一軒家で雨戸を閉めれば外に迷惑がかかりません。それで月曜日の朝まで麻雀をやりました。二晩徹夜でした。

西部さんは、いつも土曜日のお昼に来ました。四人揃わない時は、茶碗を持ってきて、サイコロでチンチロリンをやりました。時には、マッチ棒がどっちが長いかで賭けをやるとか（笑）。西部さんは本当に賭け事が好きでしたね。我々も好きでした。ただ、西部さんは弱かったです（笑）

〖藤井〗 そうですか、弱いんですか！（笑）。利益のための緻密な計算がお苦手なのかも、ですねきっと（笑）。

【森田】　我々も、著者は接待ですから加減しました。我々は……私も本当いうと、やっている時はプロのようでした。負けたことがほとんどなかった。日本評論社にはプロ雀士のような者が多くいました。阿佐田哲也（色川武大、一九二九～一九八九）とやった者もいました。

〔藤井〕　すごいですね！　それは（笑）。

【森田】　ただそういう連中も、私には勝てませんでした。中には大きな借金ができて、払えないから勘弁してくれと降りる者もいました。プロのような相手ですから西部さんが負けるのは、当たり前だったのです。高野君も三歳頃から麻雀をやっていたというすごい奴でした。彼すらも、私には敵わなかったんです。私が自慢できるのは麻雀が強かったということだけでした。

〔藤井〕　めちゃくちゃ強かったんですね（笑）。

【森田】　私は初めはプロにやられてやられて鍛えたんですが。ただ、西部さんは弱くても挑戦しつづけました。西部さんは敗けても必ず払うべきものは払いました。そういう点でも好かれました。

若手の頃から皆に好かれていた「西部邁」

【森田】　西部さんとは、島成郎（一九三一～二〇〇〇、ブント書記長）も一緒に飲みました。島成郎は麻雀をしなかったので、唐牛健太郎（一九三七～一九八四、全学連委員長）が一緒のこともありました。とにかく西部さんはみんなに好かれました。いい男でした。いろいろあっても、愛すべき人間でした。
ある時、中曽根さんが平和研究所（公益財団法人中曽根康弘世界平和研究所、一九八八年設立）を作りまして、佐藤誠三郎がその重要メンバーになりました。西部さんも、そこに部屋をもらってやっていた時に、西部、佐藤が、私に会いたいと言って来ました。私が席を設けて三人で会談した時に、三人で中曽根さんを応援する三人会を作りたいと西部さんから提案がありました。私は自由人として生きると宣言しているから、誰かの組織に参加することは、今でも一切やっていない、自由に生きることを宣言しちゃったから、悪いけれど参加しないとはっきり断りました。西部さんは、かなり腹を立ててました。

〔藤井〕　なんでだと。なめてるのかと。

【森田】　そう思われたかもしれませんね。その頃、佐藤さんも西部さんも人気者でしたから。中曽根さんを尊敬していましたし。私も中曽根さんとは割合、親しかったんです。中曽根さんの秘書の、上和田という大物秘書がいたんです。この人の奥さんの弟が、麻雀をした高野君という私の部下で、私が仲人をやった男でした。だから上和田さんとも、ひとつのファミリーのようなものでした。何度か中曽根さんとは個人的に会っていて親しかったんですが、「中曽根さんの組織には参加できない」と言ったので、彼はメンツが汚されたと思ったのか、かなり怒ったようです。
私は読んでいませんが、「西部が政治評論家を叩いているが、あれはアンタのことじゃないの？」という声もありました。ただ西部さんは私の名前を書かなかった。私は何を書いても西部さんの自由。ボロクソに言われても、気にしなかった。あまり関係ないよと。そのうちにそれが止んで、そういう噂も止まりました。

それから、二十数年間ご無沙汰してたわけですが、どうしてか分からないのですが、一水会から講演の依頼がありました。その講演の時に、後ろの方に知り合いがいたので、後ろばかり見ていたため、分からなかったのですが、ふと前を見たら、西部さんがいました。「いや、しばらく」と、また再び付き合うことになりました。かなり最近のことです。

〖藤井〗 それはいつごろのことですか？

【森田】 確か、二〇一五年ですね。

〖藤井〗 本当、最近ですね。っていうことは、本当に何十年も西部先生とお会いになってなかったんですね。実際、僕が西部先生の塾に出入りし始めた頃には、西部先生は森田先生と交流されておられる雰囲気はなかったですものね。

【森田】 そうです。二〇一五年に再会して以降、時々会ったり、話をしたりしました。昔の親しかった頃に、一瞬にして戻りました。人懐っこさと、人のよさ、そういうのは変わりませんでした。西部さんが、文章がうまいことは昔から有名でした。みんな西部さんを「いい男だな」と言っていました。その後、あの悲しいニュースを知りました。これからも活躍してほしい惜しい人物でした。

〖藤井〗 二〇一八年、ですね。

経済学者連中が皆数学を重視した中「思想」こそがと主張

【森田】　実際、西部さんとの関係は以上のようで、学生運動を一緒にしたということはありません。私は大学を一九五八年三月に卒業しました。西部さんとはすれ違いでした。ただ、私と特に親しかった島成郎は、時々「西部、西部」と言ってました。好きだったんですね、西部が。島は、私より二年先輩で、学生運動家としては、当時、超大物でしたね。そんな島に西部は大層好かれていたので、西部さんに直接会う以前から、西部という男は魅力的な男なんだろうと、思っていましたね。

ところで話は戻りますが、宇沢さんがアメリカから帰ってきた時に、宇沢さんが私に、『経済セミナー』で東畑《とうばた》精一先生（一八九九〜一九八三）と対談をしたいということで、企画したんですよ。その時の話が、西部さんの学問というか思想のスタンスを理解する上で重要な鍵になるんじゃないかと思いますので、少しお話ししておきたいと思います。

東畑さんは宇沢さんにとっては大先生ですから、「いろいろ一生懸命やって来ました。シカゴでも一生懸命やりました。経済学の一般理論を、世界に通用する一般理論を目指して努力してきました」と、いわば大先輩・大先生に対して下手に出て丁寧に説明していました。東畑さんは宇沢さんの話を遮って「経済学が全世界のどこでも通用するという考えはおかしいんじゃないか」と言ったんです。私は東畑先生は正論だと思いました。

〖藤井〗　素晴らしいお話ですね。

【森田】　東畑先生はチャニョロジー（注：中国固有の理論）とかヤパノロジー（注：日本固有の理論）とか、その国の文化・風土や民族に適した経済学でなければならぬと。

〔藤井〕　社会に埋め込まれているのが経済システムだということですね。

【森田】　そうです。そういうことを東畑さんが言いまして、で、宇沢さんは、あの時だけですが困った様子でした。少し引き下がった格好でした。対談が終了後、「森田君、頼みがある。あの対談を発表されたら僕はやっていけない。ボツにしてくれないか」と言うので、東畑先生に謝ってボツにしました。宇沢さんの将来が大事だと考えました。

〔藤井〕　要するに宇沢先生も、東畑さんの指摘に納得してしまったんでしょうね。

【森田】　「まいった」と言う感じでした。

〔藤井〕　なるほど、宇沢先生にしてみれば「僕はもう、ルビコン川を渡っちゃって、経済学は世界中どこでも共通だっていう前提で、世界に打って出ようとしているので、そんなホントのこと言うのは勘弁して下さい」っていうことになったんですね（笑）。

【森田】　そうかもしれません。大先生の東畑さんに一喝されてまいったように見えました。

〔藤井〕　西部先生の『ソシオ・エコノミックス』は、東畑さんのおっしゃっている流れの系譜にのっとっていますよね。

【森田】　そうですね。西部さんと話し合ったのは、数学と経済学の関係でした。宇沢さんより旧制一高の一～二年先輩で稲田献一（一九二五～二〇〇二）という経済学者がいました。東大の数学科を出た大阪大学の教授だった人です。宇沢さんも数学科を出ていました。当時は経済学部を出ても数学を勉強し、数学ができる人が多かった。

アメリカも、数理経済学から計量経済学に、全世界的に、数学を使った経済学へ移行している時でした。日本でも数学の上に経済学を乗せようという動きが強まっていました。

私は、経済学は、何よりも思想じゃないかと。だから、それはおかしいという考え方でした。西部さんに話したら、西部さんも「そうだ」と。西部さんは思想の方向に行ったので、西部さんは大したものだなと思いました。

西部さんより先輩の青木昌彦(一九三八~二〇一五)教授も秀才と言われた人ですが、みんな数学の上に経済学を乗せようとしました。西部さんだけは、断固として「思想である」と。そういう意味では、私は西部さんを買っていました。宇沢さんも後に「思想」の方向へ進みました。こんなことが私と西部さんとの付き合いでした。

数学と社会、実践、倫理、そして宗教を交えて学術的活動を推進

〔藤井〕 今、改めてお話をお聞きして、知らないことがたくさんあり、それを初めてお聞きして、「なるほど、そうだったんだ……」と改めて感ずることがホントにたくさんありました。そんな中で、実は以前から朧げには思っていたんですが、今回改めてお話お伺いして、より一層確信を持って、「やっぱりそうだったんだ」と感じた事がございましたので、その点からお話申し上げ

たいと思います。

【森田】　ぜひ、藤井先生から見た「西部像」を聞かせてください。

〔藤井〕　おそらく西部先生とお付き合いし、決して短くはない時間を西部先生と過ごされた方々は皆さん多かれ少なかれ、何と言いますか……一言で言えば西部邁という存在を一つの生身の体ある思想の体系と捉えて、その生身の思想の体系と自分という存在とを重ね合わせたり対比させたりしながら、西部先生とお付き合いをされていたのだと思います。

　もちろんそんな事をする「ため」に西部先生と時間を過ごそうとしている様な人が居れば、きっと西部先生は瞬時にそんな雰囲気を察知して疎ましく感じて、徹底的に攻めあげ始められるんだと思うんですが、仮にその「ため」に西部先生と時間を過ごしているのではなかったとしても、その西部先生から発せられる余りの強烈な圧力というか熱というかエネルギーに晒されれば、自分とは一体如何なる人間なのだろうと思わざるを得なくなるんだと思います。

　そうならない人も中には居るんだろうと思いますが、それはきっと、真面目に生きてはいない人、ないしは、真面目に西部邁と時間を過ごしていなかった方に限られるのだろうと思いますし、そういう方は遅かれ早かれ、西部邁の下からなんやかんやと理由をつけて消え去ってこられたのだろうと思います。

【森田】　そうだと思います。西部さんには、そういう一途というか、いわば思索において真摯に向き合う真剣さがありましたね。

〔藤井〕　そんな風にして僕はこれまで、西部邁という一つの人格というか思想を通して自分自身を振り返るという作業を何百往復、何千往復、何万往復と繰り返してきたと思うんですが、今日、森田先生から、西部邁先生が若かりし「学生」や職業として「学者」を務めておられた頃のお話をお聞きして、改めて西部先生に非常に深いシンパシーを持ちました。

【森田】　藤井先生が西部さんの、どこに惹かれたのかというのは興味があります。

〔藤井〕　その、今日お話しをお伺いしながら始めて感じたシンパシーというのは、一人の日本人としてとか、一人の言論人としてとか、一人の男としてとか、そういう次元の話しは一旦さておき、同じく国立大学の助手、助教授、教授として働くという「職業としての学者」としてのテイストと言いましょうかスタイルといいましょうか、あるいは学者としての志《こころざし》と言いましょうか……学者として目指しているもの、そしてその想念の下、どういう風にあらゆる物事と struggle、闘ってきたかという軌跡が――西部先生の六〇年安保の戦後の厳しい時代と、僕らのような新人類時代の薄甘い時代とは雲泥の差があって、比べるまでもないということを前提にしながら申し上げますと――驚く程にその基本的な構図が似通ったものだったんだなと今日、改めて感じたんです。

なぜかと言うと、まず『ソシオ・エコノミックス』を最初に読んだ時から感じていたんですが、僕個人は三〇過ぎに『ソシオ・エコノミックス』を読む「前」の段階から、ああいう、経済学（エコノミクス）という学問の中に「社会」（ソシオ）という要素を導入しようとしていたのですが、おそらく西部先生がそうしてしまったのは、経済学に社会を導入しなければ気持ちが悪くてしょうがなく、半ば生理的欲求の次元で導かれるように導入してしまったというタイプの研究を、学会、大学の中で続けてこられたのだろうと、今日改めて感じました。
西部先生はもう、若い頃から僕らが初めてお目にかかった五〇歳くらいで言論活動されていたようなイメージを持っていたのですが、今日のお話をお聞きすると、もの凄く普通に学者をしておられたんだと感じました。「なんだ、結構普通じゃん、僕らとあんまかわらないじゃん⁉」なんて感じてしまったわけです。

【森田】 そうです。その意味では、普通の学究でした。ちょっとシャイなところはありましたが。

〖藤井〗 じゃあ、その西部先生の若い頃とあんま変わんないんじゃないか、っていう「僕ら」ってどんなもんだったのかっていうのを、ざっと説明申し上げますと、次の様なものでした。西部先生ってどんな若者だったのか、っていうのを間接的にご説明する趣旨でも、少し若い頃の僕のお話をさせていただきたいと思います。

【森田】 藤井先生の歩んでこられた学問の道をお聞きしたいですね。

〖藤井〗 僕は大学院の修士課程を卒業して二四歳で助手になってから、「交通経済学」と経済学の中では言われる分野で、主に数理的に均衡（equilibrium）を数理的に定式化して、それを数理的に解く、という研究をやっていました。あるいは「行動経済学」というのがあって、経済学における、ミクロ経済学のベースにある効用理論というものを行動に落とし込みつつ、実証データも用いながら人々の選択行動を数理的に記述し、予測する選択理論（choice theory）についての研究をやっていました。学者の名前で言うと、フォン・ノイマン（John von Neumann）やモルゲンシュテルン（Oskar Morgenstern）らの効用理論（Von Neumann-Morgenstern utility theorem）を基本とした研究ですね。

【森田】 つまり、経済学のジャンルでいうとミクロ経済学ですね。

〖藤井〗 そうですね。二〇代後半で京都大学から博士の学位を頂いたときは、そんなミクロ経済学研究で頂いたんですが、そんな事をやりながら何とも言えない不満を感じていました。そういうミクロ経済学の数学的世界というのは非常に美しいし、いろんな物事が意外なところで繋がっていたり、もの凄い複雑なシステムの挙動が至ってシンプルな数理的メカニズムで動いていたりなんかを学んだり、時に自分自身で学者として積分や微分を繰り返している内に「発見」したりする作業が、ただただ純粋に快感で楽しくはあるんですが――。

【森田】 そうですね。私も学生時代に数学の美しさに魅了された時期もありました。

〖藤井〗 そんな美しい世界っていうのはあくまでも、いわゆる「机上」だけの話で、僕達が実際の都市、国土で日々実現している「交通現象」「都市現象」「経済現象」とは凄まじく乖離している、と言うことが、数理的な研究を進めれば進める程深く実感を伴って認識できてしまうわけです。

だから、数理的な研究を重ねれば重ねるほど、経済学や計量経済学の深淵に立ち入れば立ち入るほど、そんな現実との乖離をより深く認識出来てしまうようになるわけです。
そうすると、何とも気持ちが悪くなってしまう。

【森田】 そういう感覚は、実際あるでしょうね。理論と現実のギャップを研究を進めたゆえに知ることになるわけですから。

〖藤井〗 でも、経済学会で「エラク」なるためには、その気持ち悪さを克服することが必要だ、なんて話がいろんな方面から聞こえてくる。その気持ち悪さを吐露すると「そうだろうそうだろう、僕も最初は気持ち悪かったし、誰でもそうなんだけど、経済学の本質っていうのは、そういう気持ち悪さ、違和感を乗り越えたところにあるんだ。君はまだそこが気持ち悪いと思うなんて、経済学者としてはまだまだだね」なんていう風にエライ先生からたしなめられたりする。だから、若い我々は現実との乖離を飲み込むためにあの手この手で必死に努力をかさねたりするわけですが……その内、そんな努力を重ねれば重ねるほど、この努力、実はメチャクチャ悪い悪事なんじゃないか、という疑念を抱くようになるわけです。

【森田】 そういう気持ちを抱けるのは、学問に対して正直に向き合っているという証左だと思いますね。

〖藤井〗 僕が属していた学科は、いわゆる「土木工学」と呼ばれる学科だったんですが、土木工学というのは、少し風変わりな学問体系で、その多くが経済学とは何の関わりもない、純粋に物理学の世界ですが、土木工学の中の土木計画学という一分野は、経済学に非常に深い関わりを持というか、経済学の独特な一分野を構成するような分野となってるんです。
それはいわば土木経済学とでも言うような分野なんですが、そういう分野があるのは次の様な理由によります。まず第一にインフラストラクチャーの政策を進めるにあたっての経済的インパクトを理解するには、ケインズ経済学というものをしっかり学んでおかなければならない。

【森田】 そこは、非常に大切なポイントだと思います。学問が縦割りであるが故に現実に対応できないというのでは困ります。政策立案にしても近視眼的なものしかできなくなってしまいますから。

〖藤井〗 さらには、インフラストラクチャーを作る時に、需要予測というものを絶対に外すことはできないんですけど、そのためには、経済学的に誘導される「均衡解」を「現実状況」の中で解いていくという純粋に経済学的な問題もある。しかもそれを実務に適用できるようにしていくためには、「行動経済学」というのをしっかりやっておかないと解けないということもある。だから、この土木に関わる経済学というのは一つの大きな経済学のサブ領域を形成しているわけで、そのあたりの近隣分野から何人もノーベル賞が出たりしています。
我々の経済学研究分野から出てきたノーベル賞研究としては、古いところから言いますと、サイモン（Herbert A. Simon）の限定合理性の研究もありますし、九〇年代に受賞したダニエル・マクファデン（Daniel McFadden）の行動計量経済学研究があります。実際うちの師匠や兄弟子達の多くが、マクファデン達といろんな共同研究を進めてきたりしていました。さらにはダニエル・

カーネマン（Daniel Kahneman）やエイモス・トゥベルスキー（Amos Tversky）や、最近ではセイラーらも、我々の研究領域からノーベル賞を取られた方々ですが、彼等はもっと心理学的な側面を強調していました。

僕が二〇代の頃の研究は、こうしたノーベル賞を取った人たちと広い意味での学術的な共同体を作って、その中で進めてきていたんですが、その頃の研究は、西部先生と森田先生とのご議論における言葉を借りるなら、「数学の上に経済学を乗せる」というような研究だったわけです。

【森田】実際、その傾向は学界においては少なからずあったように私も感じています。

〖藤井〗で、当時の僕らのような若い「理系」の学者達の多くは、今から思うと不思議な話ですがいろんな事を全部、数学で解きたいなんていう欲望を持つものなんです。で、全てを数学で説き尽くすという学術世界にある種の憧憬を持つんですよね。これっていわば、理系男子が若い頃に煩う「はしか」みたいなもんなんです（笑）。で、僕もそういう理系男子の一人でもあったのですが、そんな事をやりながら、というか、そんな事をやればやるほどに、その数学の世界と現実の経済の世界との間の乖離が大きいということがどうしても気持ち悪くなっていった、というお話しは先程申し上げた通りです。

ついては、とりあえず「数学の上に経済学を乗せる」タイプの研究で学位を頂いた時に、大学の師匠に御願いしたのが、経済学じゃなくて、これからは「心理学」をやりたい、っていうことを申し出たんです。

その時心理学を志したのは、経済学の理論大系が、実は、「一人一人の意思決定理論」の上に成り立っているからです。で、そういう意思決定理論を徹底的に掘り下げている学問は、実は経済学ではなく、「心理学」だったからです。

【森田】その観点は、斬新なものですね。非常に興味深いものがあります。

〔藤井〕で、恐るべき事にその経済学の壮大な理論体系は、効用理論という極めて脆弱な、いわば一本のマッチ棒の様なものの上に成立しているものなんですが、そのマッチ棒一本が折れてしまえば、この経済学の理論体系という巨大な城は全部瓦解してしまうような構図にあったわけです。もちろん最初は「まさかそんな馬鹿な……」と思うわけですが、考えれば考える程、そんな構造があるということがクッキリと見えてくるようになる。

だからぜひ僕は、このマッチ棒が本当の所、そんなに強いものなのか、それともやはり、至って弱々しい脆弱なものなのか、ここをやりたいということを教授に言うと、分かったということで、スウェーデンのイエテポリ大学というところの心理学科――Department of Psychology に留学することになりました。そこで改めて、認知心理学ですとか、社会心理学ですとか、心理学とマクロの接合であるゲーム理論ですとか、社会的ジレンマ問題というのを本格的に研究し始めたんですね。

そこで、やっぱり効用理論なるもので現象を説明する経済学というのは、鼻で笑い飛ばせる程の単なる詐欺師の戯《ざ》れ言の様なものなんだということがありありと分かってしまったわけです。

我々が解こうとしていう経済問題、都市問題、こういうものに関して、もっと社会心理学的なものが必要であると確信するに至ったわけです。

こうした経緯は、若き学者、西部邁が「ソシオ・エコノミックス」を打ち立てるに至った経緯と、スケールや対象こそ異なるものであるとしても、相似形を成しているのだと、今日、森田先生の話をお伺いしながら感じたわけです。

【森田】 確かに、西部さんの問題意識や研究方向は、藤井先生が目指してこられたものと軌を一にする面があると私も思います。

〖藤井〗 先程、西部先生が若い研究者の頃、宇沢弘文先生や青木昌彦先生をはじめとして、西部先生の周りの人達全員が「数学の上に経済学を乗せる」研究を進めていたにも拘わらず、若き西部先生だけが、森田先生が主張されていた「経済学は思想である」という主張に断固として賛成していたというお話しがありましたけど、当方の上述の研究経緯は、数学から脱却して、人間の集合的現象を構想する学術的営みにおいて「思想」を探り出すプロセスと重なるものだったと感じたわけです。

ちなみに当方の場合も、「数学の上に経済学を乗せる」研究に違和感を感じ、「ソシオ」、さらには「思想」を志向していた研究者は、ほぼ皆無（というか実際上皆無）であったという点も大いに重なるように思います。

【森田】 そういう研究者は、いませんでしたね。

【藤井】　そんな方向で「ソシオ」、社会をスウェーデンの地で志向する研究を始め、帰国してから暫くした頃に改めて出した僕の処女作が『社会的ジレンマの処方箋―都市・交通・環境問題のための心理学』（ナカニシヤ出版）という本でした。

この本は後に『Prescription for Social Dilemmas』（『Prescription for Social Dilemmas: Psychology for Urban, Transportation, and Environmental Problems』）というタイトルで英語に翻訳してSpringer から出版をしているのですが、実は、僕が四〇代の頃にやっていた安倍内閣でのアベノミクスの提案やサポートの事であったりとか、今もまだ引き続きやっている積極財政の政治的実践の話だとか、国土強靭化の仕事や、さらには大阪都構想についての反対論などの実践やそれにまつわる研究は殆ど全て、当時僕が書いた『Prescription for Social Dilemmas』の理論的枠組みの一部をやっているにすぎないものなんです。

【森田】　その頃、西部さんとは交流があったのですか。

【藤井】　その処女作を出版した時には僕はもう既に、西部先生にも会っていたんですが、その頃は僕の大学での研究と、西部先生から伺う色んな「保守思想」にまつわるお話しとの対応関係はまだまだ見えていなくて、全く別物の様に扱っていましたから、あの処女作の『社会的ジレンマの処方箋』には、西部思想は直接的には殆ど影響していないものだったように思います。

そしてそんな僕にとっての『社会的ジレンマの処方箋』は、取り扱う問題のスケールこそ違えども、西部先生にとっての『ソシオ・エコノミックス』の役割と同様のものだったんじゃないかと、今日の森田先生のお話をお聞きして改めて感じたんです。

そもそも「ソシオ」とか、あるいは「ソーシャルサイエンス」（社会科学）、「ソーシャルサイコロジー」（社会心理学）を持ってきた時に、我々が絶対離れられないのは、エティック（ethic）、倫理の問題です。このエティックの問題を、明確に経済とか現象解析の中に論理的に位置付けようと、きっと西部先生もされたんだと思うんです。

【森田】 なるほど、そこで「倫理」が出てくるのですね。

『藤井』 で、そんな倫理の問題を、数学という武器も使いながら解いていこうとする標準的なアプローチに厚生経済学の議論というのがあるんですが、そこでもしばしば指摘されるのは、倫理がなければ、合意とか秩序というものはあり得ないというポイントです。

もちろん、ゴリゴリの経済学者は、安易に「倫理」だなんて要素を導入することを蛇蝎の如く嫌う訳ですが、「経済学」ではなく「経済現象」に真面目に向き合うと、倫理の存在を抜きに経済現象を説明することなど到底できないという事などいとも容易く見て取れる訳です。

だから、西部先生の「ソシオ・エコノミックス」も、当方の「社会的ジレンマの処方箋」も、最終的には倫理の問題に収斂していく構造を持っていたわけです。

そしてそこまで理論の展開が至れば、その理論の構造は社会にまつわる森羅万象と繋がっていく事になります。倫理の問題は自ずと宗教、あるいは敬天愛人の「天」、さらには、「神」の問題と必ず繋がってくる。もちろん、宗教や神の問題を、安易に論理の体系に持ち込むのはある種の学術的な敗北を意味しますから、安易な論理展開は避けねばなりませんが、どれだけ精緻に議論を組み立てても、その問題が「ソシオ」（社会）の問題である限りにおいて、その論理の体系に倫理、宗教、そして、神の存在が多かれ少なかれ影を落としてくる事になる。

【森田】　まさに、西部さんが模索していたところは、そこだと私は思います。

【藤井】　ホントにそう思います。ちなみにそのあたりを徹底的に論理的に哲学的に論考したのが、ウィトゲンシュタインの『論理哲学論考』ですが、論理を社会、さらには人間と重ね合わせながら展開していけば、そういう構造にならざるを得ない訳です。

だから、当方の処女作も、甚だ稚拙なものではありますが、西部先生の『ソシオ・エコノミックス』と同様に、そういう神の受け皿を用意しながら、論理を展開し、その書が終えられているわけです。

こうした構造があるからこそ、西部先生が生涯を掛けて書かれた全て、例えば文学的な作品である『友情』（『友情 ある半チョッパリとの四十五年』、二〇〇五年）とか、数学的に思想をまとめた『知性の構造』、さらには『ファシスタたらんとした者』（二〇一七年）とか、『保守の真髄』（『保守の真髄――老酔狂で語る文明の紊乱』、二〇一七年）とかで実にいろんなことを書いておられるものの、その全ての「源流」が実は、あの、森田先生が編集された『ソシオ・エコノミックス』のシリーズの中に、それが仮に萌芽的な形ではあったとしても「全て」、詰まっているんじゃないかと感じたわけです。いわば、西部邁先生の生涯の全ての要素が、『ソシオ・エコノミックス』というあのお弁当箱の中に、全部、原初的な具材として入っていたんじゃないかと。

【森田】 その「お弁当箱」という比喩は愉快というか、きわめて的確だと思います。西部さんが聞いたら、「君たちは弁当と思うかもしれないけれど、俺は懐石料理も入れたんだぜ」と西部流の皮肉を込めながらも、きっと喜ぶだろうと思いますね。

〔藤井〕 そうかもしれませんね（笑）。そしてそういう構造は、当方の処女作の『社会的ジレンマの処方箋』の中に、当方がそれ以後のあらゆる活動の萌芽があったという構造と相似を成していると思うわけです。

先ほど当方は、大変に僭越な話で恐縮ではありますが、若き日の「西部青年」の姿についての森田先生のお話をお聞きして深いシンパシーを感じたと申しましたが――それは、時代やエリア、スケールの相違こそあれ、数学と社会、実践、倫理、そして、神の存在の受け皿を用意しつつ論理を展開し、学術的活動を推進したというその学者としての軌跡に、そして、その若き日々の研究活動がその後の実践の全体を暗示するものであったという点に、大いにシンパシーを感じたという次第です。

腐敗したテレビ空間の中で、唯一「真実の言葉」を吐く人物

〔藤井〕 ところで、僕が西部邁という人物を認識したのは、テレビだったんですね。一九八九年か一九九〇年か、僕が大学何年生か忘れましたが、二十歳前後の頃、これは多くの方が体験した

話だとは思うんですが、西部先生が『朝まで生テレビ！』に出ていらしたんです。当時の「朝生」は、司会は今と変わらずやはり田原総一朗さんでしたが、出演者は野坂昭如さんだとか大島渚さんだとか、小田実《まこと》さんとかという方々でした。

僕は、そもそもテレビというものは誠にもって下らないもので、下らない話以外はまずないどうしようもないものだとずっと思ってましたし、今でも、基本的にそういうものだと思ってるんですが――ただもちろん、僕が関わる番組については、できるだけそうならないように努力しようとは思っていますが（笑）――そんな下らない筈のどうしようもないTV番組から唯一、くだらなくない、ちゃんとした言葉が聞こえてきたわけです。「これは誰だ？」と思って見てみると、どうやらその人物は西部邁という男らしい。

着目して聴いていると、ホントに逐一「くだらなくないこと」を言っている。

そんなことってあるか、あのくだらないテレビの箱から、こんなにくだらなくない話しが聞こえて来るなんて⁉　なぞと感じたわけです。当時は下らなくないものと言えば、京大の図書館とか京大の近くの本屋さんだとかくらいしかなく、TVなぞでこんなものがあるのかと驚いたわけです。

【森田】　私も長らくテレビの世界で生きてきましたので、藤井先生のご指摘になった「テレビはくだらないものではなかろうか」という感触は非常によく理解できる気がします。その「くだらない」テレビの中で、藤井先生が「くだらなくない」かもしれないと感じた西部さんの具体的な発言内容はどんなものだったのですか。

【藤井】 その時、西部先生がテレビで言っていたのは、湾岸戦争（一九九〇年八月～九一年二月）の頃の話だったんです。その時に、日本は湾岸戦争に行くべきかどうか、みたいな事が話題になっていたわけで、当然、野党の方がそれに対して反対をしていたんです。で、そんな中で「西部邁」という人物が、テレビで次の様な話をしていたんです。

「政治家というものは、赤紙で召集する権限だってあるし、宣戦布告をする権限だってある。政治というものは、そういうものなんだ。さっきから聞いていると戦争なんてあり得ないみたいな生ぬるい話ばかりしてるようだが、政治というものの恐ろしさをあなたたちは少しでも考えた上でさっきから口から言葉を吐き出しておられるのか？」

【森田】 西部さんの言うのは正論ですね。本質を突いていると思います。

【藤井】 そうなんです。今、考えると至って当たり前の話なんですが、当時の僕としては、これは大変に新鮮な言葉だったわけです。で、西部先生は「だからこそ、政治家を選ぶ時には、そういう可能性も見通しながら考えなければならないですよ」と、至って当然のことを言っていたわけです。

なるほど、そりゃそうだ。この戦後の薄甘い、アメリカの保護領と言うか、大岡昇平の『俘虜記』で言うと捕虜収容所のような我が国日本で生まれて、そこでぬくぬくと生きてきた僕からすると、目から鱗で、雷鳴を受けたような気持ちになりまして。そこで僕は、西部邁という方が強烈に精神に刻み込まれる事になったわけです。

【森田】　たしかに、あの当時、日本と米国との関係における問題点の核心については、わかってはいても、それを公の電波に堂々と発表する文化人はいなかったように思います。テレビにおける西部さんの言動というのは、いい意味で目立っていましたね。もともとサービス精神は旺盛な人です。意識的に過激な語彙も用いていたと思いますし。

〔藤井〕　最近、僕の学生の頃の友人に聞いてびっくりしたんですが、その西部先生の「朝生」を見た後、その西部先生の発言について、もの凄く熱く、語っていたらしいんです。どっかの喫茶店かファミレスか分かりませんが（笑）。当方としてはそのことは全く記憶には残ってないんですが、西部先生の発言は三十年以上も経ってるのに今でも、その友人がおおよそ覚えているくらいですから、その直後には、その西部発言に対して、ずっと熱く語ることがあっても何も不思議ではないなと（笑）。

【森田】　それで、藤井先生は西部さんとは、どんな関わりを持ったのですか。

〔藤井〕　その後、「西部邁」という人の本も数冊読んだりしましたが、本を読むなら、今生きている人物に拘る必要は何もなく、既に死んでしまっているキルケゴールやハイデガーやニーチェなんかを相変わらず読んだりしていたりしていたので、そのまま「西部邁」の事は、日常の暮らしの中から消えてしまいました。ですが、そのテレビを見てから十年程経って、僕が、大学の助教授かなんかになった時にまた、西部先生を再び強烈に思い起こす機会がやってきたんです。

その頃、僕は土木学会のオフィシャルジャーナルの『土木学会誌』という雑誌の編集の仕事をやっていて、僕が編集担当になって誰に原稿依頼をするかを決めることができる事になったんです。その時、いの一番に思い至ったのが、十年前にテレビでみた、あの論客、西部邁氏だったというわけです。

【森田】 それだけ、西部さんのテレビにおける印象は強かったんですね。

〖藤井〗 そうなんです。で、その時に僕が担当で編集した特集は「合意形成論：総論賛成・各論反対のジレンマ」っていうタイトルのもので、後に土木学会叢書で書籍化して出版もしたんですが、その巻頭の論説を、西部先生にお願いしたわけです。今でもよく問題になりますが、大きなインフラを造るとなると、住民からの反発なんかがあって必ず「合意形成」が問題になるわけです。

言うまでもなく、そのインフラ整備に、公共的意義がないなら、ただ単なる国家的な迷惑施設なわけで、造らなきゃいい、ってだけの話になるわけですが、わざわざ国家が何千億も何兆円もかけてインフラ造ろうっていう話になっている場合には、巨大な国家的、公共的意義があるからこそ、そのインフラを造ろうっていう話になっているわけで、それにも拘わらず、数人、場合によっては一人や二人の強烈な反対があるというだけで――もちろんそういう方々の意見を完全に無視して良いっていう訳ではないけれど――そのインフラを造るのを辞めて、巨大な国民的メリットを全てみすみすゴミ箱に入れてしまって良いのか、という問題意識があったわけです。

十年前のあの『朝生』で、歯に衣着せず、深く鋭く真剣な言説を吐いておられた西部先生は確かに「土木」のご専門ではないかもしれないが、こういう合意形成の問題ならあの時のテレビと同じ様に、生ぬるい事しか口にしない生ぬるい他のどんな日本人にも書けない、深く鋭い論考を書いて下さるに違いない――と「確信」したわけです。

ただ、凄まじくエライ先生ですから、何処の馬の骨とも分からない、しかも土木なるよく分からない分野の人間の依頼なぞ、聞いてくれる筈もないだろうとも思いながら、ひょっとしたらお受けいただけるかも知れない、だとしたらダメ元でお願いしてみる他ないだろう、という心持ちで、意を決してインターネットで掲載されていた番号にお電話差し上げたところ、電話口に（今から思えば、ホンットにたまたま！）出られて、緊張しながら話し始めたところ、ものの数十秒で、「分かった、分かった。その問題は僕も書くことについてやぶさかではないですよ」とご快諾いただいたんです。それが、二〇〇一年の事でした（雑誌掲載は、『土木学会誌』二〇〇二年六月号）。

【森田】そういうところが、西部さんの本質を瞬間的にとらえることのできる明晰さなのだろうと思います。

【藤井】ホント、そう思います（笑）。で、そのお電話で西部先生がおっしゃるには、「一度、東京に来る事があったら、その時にお目にかかりましょう」ということで、先生がいつも飲んでらっしゃった――そして、今でも我々が足繁く通っている――新宿二丁目のburaという飲み屋で、お目にかかることになったわけです。

【森田】それが、西部さんとの初対面でしたか。

〔藤井〕はい、そこで初めてお目にかかって話をお聞きしてから、お亡くなりになるまでお付き合いが始まった、という次第です。

『座して死を待つの愚挙はやはり避けなければならない』

【森田】なるほど、それが西部さんの人生と交わる様になったきっかけ、なわけですね。そこから、西部さんとのいろいろなお付き合いが始まったと。その時に書かれた西部さんの原稿はどんな内容だったんですか?

〔藤井〕「同意形成は公的活動への参加のなかで」（本書、付論参照）という原稿だったんですが、今から思えば、というか、今日改めて読んでみて初めて気づきましたが、この原稿が、当方のそれ以降の学者人生に決定的な影響をもたらす事になったんだと思います。

　この原稿では最初に、軽薄な民主主義や単なる住民投票でインフラなる重要な公共的問題を決めてしまうことが如何に愚かな事であるのかが指摘されています。その際に、いわゆるオルテガの大衆社会論やトックビルの政治哲学等を引用しつつ、公的な問題に何ら配慮しない人民は単なる「大衆」であり、そんな人々が織りなす民主主義など、単なる「衆愚政治」であり、徹底的に批判、否定すべきだと論じられています。一方で、インフラをはじめたとした公的問題には、それに関わるあらゆる人々が「公的」な意識で関わり、参加せねばならない、という議論を後半で展開されました。

【森田】「軽薄な民主主義」というあたりは、いかにも西部さんらしい言い回しですね。しかし、正鵠を射ている。

〔藤井〕そして最後に、次の様な一文で締めくくられています。

今、北海道を先頭にして日本国が全体として衰微の一途にある。その少なくとも半ばは、「改革」の名によって日本人がみずから飛び込んでいった自己破壊の帰結である。歴史なき国家、良識なき民主、規範なき自由、公的枠組なき市場、そうした方向を推し進めるのを改革と見誤った結果、日本における現在の世代は自分らの子孫に相続さすべき歴史の英知という遺産をあらかた消尽してしまった。その意味でも、精神の資産デフレは進行しているといってさしつかえない。今からではおそいのかもしれないが、座して死を待つの愚挙はやはり避けなければならない。

この原稿は――今から思えば西部先生のいつものスタイルなのですが――「原稿用紙への手書き原稿」として送られてきたもので、僕はこの原稿をファックスで夜に受け取り、その独特の字体の解読に苦労しながら、夜中過ぎまで自分のパソコンに打ち込んでいった事をよく覚えています。

【森田】書いた原稿をファクシミリで送信するというのは、恥ずかしながら私と同じです。今もって、そのアナログ的手法でやっています。はからずも、読みにくい字体というのも同じで入力する方にはご迷惑をかけています。

【藤井】いえいえ、むしろそちらの方が書かれた方の思いが深く刻み込まれていますから、ずっとずっと貴重なもの、です。今でも僕はその時の西部先生のファックスを大切に保存しています。実際、最後に、「座して死を待つの愚挙はやはり避けなければならない」の一文を打ち込んだとき、心が大きく震えた事を今でもハッキリと覚えています。そして、この一文を打ち込み終わった時、心の底から「有難う御座いました」と口にして、深々とその原稿に頭をたれた事を覚えています。

この時、「座して死を待つの愚挙はやはり避けなければならない」の一言を打ち込みながら、その言葉が僕の心にハッキリと刻印され、それ以後、全ての刹那において何があろうと諦めず最善を尽くすべし、と認識するようになったのではないかと思います。当時はただただ、一編集者と執筆者の関係でしたが、この時に僕の心の中で、西部邁は我が師匠なりと認識してしまったのではないかと思います。

【森田】その後、西部さんの塾に入られることになったんですか？

西部塾、という思想的実践、実践的思想の訓練の場

【藤井】そうですね。当時はまだ、僕は京都大学の助教授だったんですが、この原稿の準備をしていた頃、丁度東京工業大学に転勤になるんです。で、雑誌が出版された頃はもう、東京に引っ

越した直後だったわけです。で、その出版のお礼でまた、西部先生にお目にかかった折りに、西部先生が、僕が住んでいた荻窪のすぐ近くの中野で「発言者塾」っていう私塾をやってるっていうことを耳にしましたので、塾に入ることにしたわけです。ちょうど自宅から、自転車で、一五分やそこらのところだったので、いつも自転車で行ってってましたね（笑）。

【森田】　その塾は、大規模なものだったのですか。

〔藤井〕　いいえ、塾といっても、当時はもう、入っている人が少なくて、月に一、二回あったんですが、教室にいる人は少ない時には、四、五人、多くても一〇人ちょっとっていう程の少なさで。いつも土曜の六時から八時までの二時間、西部先生が一人でしゃべって、八時からご飯を食べに行って、そこからエンドレスで飲んでいくというのを毎度毎度やってましたね。

当時はもう、塾が楽しくて楽しくてしょうがなかったですね。

【森田】　西部さんは、塾ではどんな話をしたのですか。

〔藤井〕　だいたいもう僕は、『朝まで生テレビ』で初めて西部先生を目にした時に衝撃を受けたときに思ったように、世の中の人達の言説というものは、テレビでも、そして新聞でも雑誌でも、さらには小中学校でも大学でも、さらには学界でも、心底下らないものばかりで、何も耳を傾ける必要なんて何もない、下品で下劣なものだと思っていた訳ですが、そんな僕にとっては、西部先生のいろんな言葉が聞ける塾は、毎回毎回、楽しくって楽しくってしょうがなかったわけです。こんな面白い話が聞けるのかと。

しかもいろんな本も教えていただけますし。工学部の中ではリーチしにくい本とかでも、西部先生がお話の中でポロポロおっしゃるので。かつ、飲みに行くと、いろんな方がおられて──それこそ、自衛官から落語家から、映画監督から、いろんな方がおられて。三〇代の若い僕からすると、スポンジで水を吸うように西部先生がポロッとしゃべった映画だとかを全部観たり、ポロッとしゃべった小説も全部読んだり、あるいは西部先生の周りにいた富岡幸一郎先生がポロッと口にした小説とかを読んで文学の知識を深めたり。

【森田】 西部さんは、該博なばかりか大変な読書家で話が面白く、口は悪いのだけれど、そこに棘はないので人気がありましたね。

〖藤井〗 そういう意味では、今、日本では大学というシステムがほぼ死にかかっている状況の中で、学びの場として、あの西部先生を中心とした空間は、僕にとって最大の学びを得た場だったなと、改めてあの三〇代の頃をしみじみと思い出しますですね。

【森田】 なるほど、藤井先生にとっては「西部学校」「西部大学」というわけですね。

〖藤井〗 そうですそうです、まさに仰るとおりです(笑)。僕と西部先生の、なんというか世代や時代は違うけれど元々の精神の形というか着想が類似していたんじゃないかと、今改めて思いますけど、そういう事もあったのか、西部先生の周りのいろんなものを、ホントにスポンジで吸うように吸い上げていくことができたように思います。個人的な話でもあり、まさに恐縮ではあるのですが、事実ですからしょうがないわけで、事実、そのように感じていたわけです。

ところで当時の西部先生は、すでにアトピーを患ってらっしゃったりして、なかなかつらそうにしておられた頃なんですが、それをおしていつも塾を開催してくださっていましたね。本当に有り難いとしか言いようがありません。西部先生の思想遍歴で言うと、東京大学を辞任され、いわば言論一本でやっていくという体勢の中、『思想の英雄たち――保守の源流をたずねて』（文藝春秋、一九九六年）をまとめて保守思想を全面的に主張し始め、そのための強力な武器／場として『発言者』（一九九四年四月から二〇〇五年三月まで発行）を出版されていた、その活動のちょうど真ん中あたりだったんじゃないかと思います。

【森田】 その『発言者』は、どんなテーマを扱っていましたか。

【藤井】 特にその頃、西部先生は北海道ご出身ということもあって、地元の活性化にも熱心に取り組んでおられましたね。ちょうど僕の原稿依頼に対して「公的活動を全面的に地域で進めるべし！」という主旨の記事を書いておられたわけですが、まさにそれを、ご自身の郷里の北海道で展開されようとしていたわけです。で、その中心的な場として編纂されていた雑誌が、『北の発言』（二〇〇三年七月に創刊）という北海道ローカルの言論誌だったわけです。

日本人全体には『発言者』、西部先生のふるさと北海道に対しては『北の発言』を編纂、刊行し、先生の言葉、そして先生が届けねばならぬとお感じの識者達の言葉を心ある国民、北海道民に届けていく、それと同時に「塾」の場で、そしてその後の新宿二丁目やらなんやらの酒場で、直接「青年諸君」――西部先生はいつも我々に対して、そう声をかけて下さいました――ともに酒を酌み交わしつつ、語り合い、議論を深めていく、西部先生はそういう風に我々〝青年〟のためにエネルギーと時間と、そしてオカネを使ってくださっていたわけです。

【森田】 西部さんらしい飲み方、そして語り口ですね。

【藤井】 改めてそう思うと、ホント、感謝するしかないですよね、こんなどこの馬の骨とも分からない、京都くんだりから来た人間にも、真剣に付き合おうとしてくださったわけですから。月並みな言い方ですが、ホント、凄いエネルギーですよね。

しかも、塾っていうのも、そんな東京だけでなくて、「札幌発言者塾」とか、「九州発言者塾」、それから「京都発言者塾」なんかもやっておられましたね。文字通り、全国を飛び回って、それぞれの地域の若い人をはじめ、いろいろな西部先生の思想／言論に賛同される方に生の声を届け、酒を酌み交わすということをずっと繰り返されていたわけです。

で、そんな西部先生が塾活動に熱心に取り組まれていた時の、ちょうど真ん中の時期に、僕も塾生になったんですね、今から思えば。

晩年は、体調をさらに崩されて、さらに奥様も他界されるなどして、そこまで熱心に塾の活動に時間をお使いになるのが難しくなったご様子でしたから、ホント、僕が塾生になったころは、奥様もお元気で、奥様もご一緒しながら、ホントに夜おそくまで酒場でご一緒いたしましたですから、返す返す、有り難い時期でした。

『PAP』を通したその乖離と融合

【森田】　藤井先生は言論人としても、例えば『表現者クライテリオン』の編集長などで活躍されていますが、やはり、国土強靭化だとかアベノミクスだとかは、言論人としての側面の活動だけじゃなくて、大学での研究活動の延長でもあるわけですよね。

そんな藤井先生の研究活動と、西部さんの塾にいってらした体験とは、何らかの形で関連されていたんじゃないかと思うんですが、実際は一体、どんな風にその両者は関連されてたんですか？

【藤井】　塾に通い始めた三〇歳前後の頃には、やはり、研究と西部先生の思想や言論っていうのは大学の研究にはあまり「直接」関連するわけでなく、別々のものとして認識していた側面が強かったんですね。ただやっぱり少しずつ両者は重なって、関連しあっていく様になっていきました。で、五〇を超えた今では、西部塾の流れにある『クライテリオン』の編集と、大学での研究っていうものはほぼ完全に一体化しているイメージですね。そもそも、西部先生とお目にかかった折りのきっかけも、「土木学会」の「合意形成」の議論にて原稿執筆をお願いした話だったわけで、しかも、僕の研究テーマの一つが「合意形成」でしたから、やはり出発点から深く重なりあう方向にあったんだと思います。

しかも、先ほどもお話し差し上げましたように、僕自身の研究ビジョンとして、学問というものはただ単に大学で仕事でやっていくようなものではなくて、「生き様そのものが学問」という様に感じていました――と言うか、本来ならば学者というものは本来、全員がそう思ってなきゃいかん、というのは、前提中の前提なんじゃないかと思います。例えば熊沢蕃山等をはじめとして、皆、学問というものは生きることそのものであり、生きることは学問なんだと。他の例を挙げるなら、福澤諭吉の『学問のすゝめ』も、もちろんそういう主旨で書かれていますよね。

【森田】そうです、学問の本来あるべき姿は、そういうものだと思います。

〔藤井〕にも拘わらず、我々が通った小中高大という教育システムでは、そういう「学問＝生きることなのだ」というような想念は、あらかた蒸発して消えてなくなっています。本当に残念ですが、だから僕はそういう今の日本の教育システムに対して、自らも今、勤務している立場ではあるのですが、大変に大きな不満があったわけです。

西部邁の吐く息、言う言葉、叫びや囁きや、場合によっては怒号や、笑い、そういったものが、西部邁の生き様全部が、その塾の講義の中で、そして、飲み屋の時空の中に充満するわけですけど、その時空に身を浸すことそれ自身が、「学問＝生きること」なのだと感じていました。だから少々大袈裟かもしれませんが、その西部塾の空間の中で初めて自分が学ぶべき、本当に学びたいという師匠に会えたんだなという気がしましたですね。

【森田】当時の藤井先生の研究テーマと西部さんの言論領域は重なる部分が多かったのですか。

〔藤井〕いいえ、僕の研究テーマと西部邁先生の話してらっしゃることっていうのは相当かけ離れていて、直接「役に立つ」なんてことはなかったですね、少なくとも最初の頃は。僕がやっているのは、防災とか交通とか、地域の発展とか経済とかですから。

西部先生はそういう具体的な話とかについては、最初の頃何度かお伺いしたりしていたのですが、あまりご関心ではなかった様ですから（苦笑）、僕は西部先生とは、大学あるいは学会の中でやっている基礎的な研究についての話をすることは全くしなくなりましたですね。ホンットに一回もなかったと思います。

ただ、一度だけ例外があったのは、僕と西部先生が、地域振興の話をしてくれってことで福岡の講演会に呼ばれた時に、主催者からの依頼だったので、僕が大学でやってる研究テーマも交えながら地域活性化と交通の話をしたことがあったんですが、その講演を西部先生が耳にされたことはありましたですね。その時初めて西部先生が、「藤井君、こんな研究してたんだね、初めて聞いたよ」とおっしゃってました（苦笑）。まぁ、それくらい、僕は自分の研究の話を西部先生にはしなかったんですね。

ただ、直接具体的な話はしませんでしたが、僕のやってる研究や、その場で西部先生が酒を飲んでる時空の背後にある思想だとか論理だとか感情だとかについては、ああだこうだとずっと話をしてきたわけですから、そういう西部先生との時空は僕の研究に、もの凄い甚大な影響を与えていたのは間違いありませんね。

【森田】　で、西部さんは、その頃から損得度外視というか収益的には大損覚悟の雑誌刊行にも着手しはじめたと聞きます。

〔**藤井**〕　おっしゃる通りです。先にも少しふれましたが、『北の発言』という雑誌も出されていましたが、実を言いますと当時僕は、この『北の発言』という雑誌が、その本体というべき『発言者』や『表現者』（二〇〇五年六月から二〇一七年一二月まで発行）よりも好きだったんですね。なぜかと言うと、『北の発言』は、徹底的に北海道の問題を取り扱うものとして編纂されていたからです。

今から思いますと、当時、当方の土木学会からの依頼記事にて西部先生が提唱されていた『PAP』（パブリック・アクション・プログラム、公的活動企画）を具現化するための媒体、プラットフォームとして『北の発言』を出されていたんだと思います。このPAPとは何か、ということについて、西部先生は次の様に書いておられます。

PAPを「具体的」に構想し実践するということは、公共的問題をリージョン（地域）にまで下ろして検討するということを意味する。地域にあっては、誰が何処で、何時何故、如何に、という具体的なことがつねに問われる。その地域の抱える具体性にはたらきかけること、それが住民の活力ということなのである。そのような地域的実践が全国各地に自発的に起こってくるときにはじめて、国民の活力が確認されるのであり、そうした創造への活力によって悪しき旧習が破壊されることをさして創造的破壊とよぶのである。

PAPは官民の協調性を必要とする。しかも官と民の双方において、様々な官庁や種々の階層のあいだの横断的な協調が展開されなければならない。そのことを含めていうと、PA

Pの支えるのは、公共性、地域性、具体性そして協調性の四脚だといえよう。

つまり西部先生は、北海道という具体的な「リージョン（地域）」において、北海道が、日本中の中でもとりわけ激しく「衰微の一途」にあるという認識の下、その衰弱を何とか止めんがために、住民の活力を活性化し、官民連携しつつ、「何時何故、如何に」という具体的な問題をひとつひとつ考える――そうした問題認識が、『北の発言』には漲っていたように感じたわけです。そういうところが、僕は大変好きだったし、実に大きな影響を、とりわけ自分自身の大学や学会での研究の姿勢にもの凄く本質的、抜本的な影響を受けたんですね。

【森田】 そういうところは、西部さんが若い頃、数学の上に経済学を乗せようという経済学界全体の動きに対して、経済学において何よりも大切なのは「思想だ」と考えたことと繋がるお話ですね。

〔**藤井**〕 そうですね。数学は実践と繋がる必要性は特にありませんが、人間の思想というのは、人間の具体的な実践と絶対的に不可分なものですから。で、その実践というのは、必ず特定の地域で行われ、しかも、その活動は常に他者との関わりの中で行われるものです。つまり、思想と実践は、地域的公共的な形で展開されるわけです。そこが、数学とは根本的に異なるものですね。何と言っても、数学は人間がまだ誕生する前のビッグバンや何百光年も離れた恒星の上でも成り立つわけですから。

で、その『北の発言』の創刊号にて西部先生が書いておられたのが、『希望の灯は絶望の中においてこそ燃えさかる』という一文です。この一文は、土木学会への寄稿文の最後の一節、『今からではおそいのかもしれないが、座して死を待つの愚挙はやはり避けなければならない』と通底する一文です。

【森田】「うん、うん、西部らしい」と、うなづける筆致ですね。表現に西部流のリズムがある。

〔藤井〕 はっきり言って、それまで僕は、そんなことを言ってくださる大人を見たことがなかったわけです。だいたい皆さん、ニヒリズム（虚無主義）に陥ってしまって、考えなくなっているか、分かっていても「絶望だよ、絶望」なんていって、ヘラヘラ笑ってるような輩か、あるいは、現実は絶望的であるという実態の姿を何も知らないで、「日本は希望に満ち満ちているのだ、神の国なのだ！」みたいな馬鹿しかいなかったわけです。つまり右を見ても左を見ても馬鹿かクズしか居ない、っていう風に思ってたわけです。

不幸なことに「知性」があればあるほどに「絶望」は深まるわけで、したがって「最大限の知性」があれば、絶望を十二分以上に深く深く認識せざるを得なくなるわけですが、それにも拘わらずなおかつ「希望」を語る——何とも辛い話なわけですが、こういう大人を日本で初めて見たなと思った訳です。かつては、そういう大人は、例えば、西郷隆盛とか楠木正成とか、そういう人たちっていっぱいいいたんじゃないかなと想像はしていましたが、生きている人で見たのは、初めてだと感じたわけです。

だから当時、西部邁の言うことを一杯聞いていこう、このお爺ちゃん、そのうち死んじゃうんだから、生きておられる間に、一杯話を聞こう、と思ったんですね。今から思えば、六〇過ぎぐらいですから、おじぃちゃんっていうわけでもなかったでしょうが（笑）、僕よりも三〇歳も年上なわけですから、僕よりも先に死ぬ可能性の方がずっと高いわけで、だから早くお話しをいろいろと聞いておかないとと思ったわけですね。

そんな絶望と希望の圧倒的矛盾、というかどうにもならない不如意な循環にたじろがず、徹底的に戦ってやろうじゃないかという姿勢を西部先生に当時感じたのが、今の僕にもの凄く影響を与えたんだと思うんです。

西部邁というのは、知の巨人達の「イタコ」のような人物だった

〔藤井〕　ハッキリ申し上げまして、今僕が主張している国土強靱化やデフレ脱却のための積極財政、米国からの本質的な独立などの諸施策は、それが実現する可能性は極めて低いものばかりだと思います。というか、もの凄く重要で必要なものばかりですが実現可能性がほぼゼロだから世間で殆ど誰も言わなくなりつつある事項ばかりです。

事実、今の自民党や野党の政治家達の資質や、彼等に影響を与えるべき学者、学界のレベルや倫理性、そしてそれらを支える国民全体の気風としての「世論」のどれを一つ取ってみても、僕が主張する事柄の実現可能性がほぼ皆無と言わざるを得ない、という実態を指し示すものばかりです。いわば、絶望的な状況なわけで、今からどれだけ頑張ってやろうとしても今からじゃあと

ても遅いとしか言いようのない状況にあるわけです。

ですが、僕が三〇過ぎの若い助教授だった頃、西部先生の「座して死を待つの愚挙はやはり避けねばならない」「希望の灯は絶望の中においてこそ燃えさかる」という言葉に触れたからこそ、その絶望性について「だからどうした！」という気分になれたわけです。あれから二十年以上たって、世間の世知辛さを年々激しく認識させられる事が日々繰り返されてきたわけで、いわば満身創痍となり、刀折れ、矢尽きるような状況にどんどん近付いているとも言えるのですが、だからといって未だ、この取り組みを止めようという気になれないのは、あの西部先生の精神が、我が身の中で未だ相当の熱量を持って残っているからだと思います。

【森田】　国土強靭化そして公共事業に関する藤井先生の提言は、非常に貴重なものです。十分ではないものの政府の基本政策に大きな影響を与え、その理論的バックボーンを形成していると私は思います。

【藤井】　ご評価、誠にかたじけなく思います。ただ、おっしゃるように当方が本来有るべき水準に比べれば、驚く程に僅少な水準でしか実際の政治は進んでいない、というのが現実です。その意味で、絶望的な気分があることには変わりはないのですが、そんな中でも西部先生の言葉があったからこそ、ここまでやってこれた、という側面は大きいのではないかと思います。もちろん、何もない、真っ白な藤井聡の精神に、西部邁の言葉が書き込まれた、というよりは、当方の精神が、あの言葉に象徴される西部邁の精神に触れた事で、活性化した、というようなイメージだと思います。いわば、哲学で言うところの、単なる模倣を超えた感染と発症を含むような「ミメーシス」のプロセスが生じたんだと思います。

ただ、晩年、西部先生の精神が徐々に「絶望」に浸食されていくようにも感じたんですが、それでも、「青年諸君！」といって語りかけてくれる様を見るにつけ、まだまだ希望を棄ててはおられなかったんだろうなんて事を感じたりしていましたね。

【森田】「青年諸君！」と語りかける西部流の塾の講義はどんな展開をしていったのですか。

〔藤井〕そうですね、彼の塾のスタイルは、おおよそ次の様なものでした。

おおよそ月に一、二回、一人で二時間ほどしゃべるんですけど、テーマを毎回、政治→経済→文化→政治→経済→文化、という形で回していく形で、「今日は政治の話をしよう」「今日は経済の話をしよう」「今日は文化的な、時事的なスポーツとかそんな話もしよう」という格好で、あらゆるものを語っていこうじゃないかというスタイルになっていましたね。で、お話の内容も個別具体的な時局ネタも扱いつつ、色んな思想や哲学や社会科学理論や映画や文学など、あらゆるモノを引用しながら話をしていくわけです。

【森田】あまり肩肘張った、かしこまった感じではないですね。

〔藤井〕そうですね、それは本当に心地好いものでした。本当の身体性を伴う学びになったなと。もちろん、それをやるために、一定程度教養があることは重要で、古典の本はちゃんと読んでおいた方がより深く分かるわけですが、仮に何も読んでいないくても、それなりに分かるようにお話しいただけるわけです。で、聞いた後で、そこで出てきた作家や思想家の名前をメモしておいて、家に帰ってその本を取り寄せて片っ端から読んでいく、っていうことをやってましたね。

そうすると塾の話で目から鱗なだけでなくて、本を読んでさらにぐっと深く理解して、さらに目から鱗な体験が繰り返されるわけです。

【森田】 ふ〜む、西部流若者教育を実践していたんですね。実際、話をして、それが若者に影響を与えることが難しいのに、その話が契機となって本を探して読むところまでいくというのは至難の技です。

〖藤井〗 そうですね、実際、僕がどれだけ話をしても本を読むところまでいく若い方は少ないですからね（苦笑）。ホント、本を若い人に読んで貰うのはもの凄く大切なんですよね。そもそも、西部塾の偉大なところは、実は西部邁が語っていることの実に多くが、西部邁が語ったことでないっていうところにあったわけです。それは、古典の人の想念が、彼の、スピーカーと言うか、彼の魂を使って語り掛けてくるようなもので。言わば、西部邁というのは、僕にとってはイタコのような人物だったわけです。もちろん正確に言うなら、古典の人々の想念が一旦西部邁の精神に宿り、そこから語られるものは、あくまでも西部邁的なものに全て変換されてはいるのだろうとは思いますが、その語られていることは、西部邁とは無関係の遙か昔の時代に存在していた古典の人々の精神に濃密に影響を受けているわけです。

例えば、ジョン・スチュアート・ミル（John Stuart Mill、一八〇六〜一八七三）の話なんかにしても、リベラルな政治家に引用されていると、薄甘いしょうもない民主主義にしか聞こえないんですけど、西部邁の口を借りて語られるジョン・スチュアート・ミルの話は凄まじく面白く、凄まじく深みのあるものとして語られるわけです。

だから、塾は月に一回二回ですから、塾の合間合間の一週間二週間の間に改めてミルの本を読もうっていう気持ちになって実際に手に取って読んでみれば、ますます深く、そしてより直接的にミルが我々に語りかけてくれているわけです。で、ミルからの圧力というものが、自身の精神を圧倒してくるんですね。そうすると、今まで倫理政経の薄っぺらい教科書の中に書いてあったジョン・スチュアート・ミルのイメージとは全然違うジョン・スチュアート・ミルが、我が眼前に立ち現れて、その本を通して僕に語り掛けてくる。

その時に、すでに西部邁の生の言霊に触れて、一定程度、精神が活性化した状態でその本に触れるので、また凄い効果があるわけですよ。西部邁というイタコがいないまま読んだ時に僕が創出するであろう現象——ミルの本を読んだ時に、僕の精神は何かの現象が起こるわけですけど——その現象が西部邁の言葉を一度通して触れたことによって、ものすごくリアリティのあるものになるんですね。その体験が楽しくてしょうがなかったですね。

だからこれは、西部塾の楽しみ方と言うか、接し方と言うものは、まず、第一次的に西部邁の話の内容そのものに精神を浸す、そして第二次的に、家に帰ってきてからもう一度本を読む読書体験とか、映画視聴体験をして、より本格的に西部先生が口にされていた思想なり哲学に我が精神を浸すわけで、この第二次体験にこそ、より本質がある――と言うと、西部先生に失礼なんですけど（笑）、そんな風に思いましたですね。それが、三〇代の時には、毎日毎日楽しくて楽しくて。

【森田】 そうした質の高い知的経験ができる場は、本当に少なくなってしまいました。本来は、大学がそのような知的冒険の場であるべきなんですが、今の大学はそうなってはいない。藤井先生のような大学の先生を前にして言うのは憚られるのですが、いつの時代も若者は、本物の知的刺激を潜在的に求めているものなんです。優れた教師というのは潜在的な知的好奇心をどう引き出すかということが使命なのですが、残念ながら今の大学にはそれがない。そのことを西部さんは知り尽くしていたので、惜しげもなく東大教授の職を放り出したんでしょう。

【藤井】 それで僕は、チェスタトン（G. K. Chesterton）も、「なるほど」と思いましたし、一八の頃から何度も読んでいたキルケゴール（Søren Kierkegaard）も、塾での話を聞いた後でもう一度読んでみると「こういうことやったのか！」と思いましたし、ハイデガー（Martin Heidegger）も、学生の頃は『存在と時間』なんてチンプンカンプンだったのが、もう一回読むと、「なるほど、こういうことやな」と思ったり。まさにスポンジで水を吸うように、それぞれの古典というものを学んでいったように思いますね。

映画にしてもそうですね。僕は、小津安二郎の映画は恥ずかしながら三〇ぐらいまでしっかり観たことがなかったですし、『東京物語』（一九五三年）なんて知ってはいましたが、ただ単に退屈そうな映画だなと思っていただけなんですが、飲み屋で西部先生が「昨日の東京物語、観たんだけどさ」から、『東京物語』について先生が感じたことを、ひと言ふた言、奥様と一緒にしゃべるのを聞くと、もう、俄然観たくなってしまうわけです。で、実際に観ると、言葉だけでは全然伝わりきれない、なんというかもの凄く重いものが、小津安二郎が我々の精神に直接届けてくれるわけです。あの『東京物語』の尾道の美しさと悲しさと、東京のおぞましさ。息子と孫のあのニヒリズム、悲しさ……。終戦直後であのニヒリズムがあったのだとすると、平成・令和のこのニヒリズムたるや、凄まじいものであるに違いない、って感ずるわけです。

しかし繰り返しますけれども、こういう体験も、西部邁という名ガイドがいなければ、そこに僕の精神は辿り着かなかっただろうと思うんですよね。それが僕の三〇代の頃だったたですよね。

【森田】そういうお話を聞くと、「やはり西部は一流の教師でもあったんだ」と思いますね。

西部邁は、「知の触媒」の役割を果たした

【森田】藤井先生が西部さんから受けた内面的影響というのはどのようなものだったのでしょうか。

【藤井】人間の精神というものを木となぞらえると、精神の樹木というものを誰も持っているわけで、僕も今、五二歳の精神の樹木を持っているわけですけど、この樹木は、庭師であったり盆栽師であったりする西部邁によって、あるいは光合成を促す日光としての西部邁によってここま

で育ったわけです。三〇歳の頃の僕の精神の樹木は今よりもっと貧弱というか小さなものだったわけですが、そういう西部邁との様々な関わりを通して、今の形にまで生い茂り、育ってきたわけです。

【森田】 西部邁という人間は、関わる人々の間において「知的触媒」のような役目を誰から言われたわけでもないのに引き受けて、周囲を成長させるという側面がありました。少し、いやだいぶ偏屈なところはあるけれども、西部は腕の良い盆栽師だったと言えるでしょう。でも、西部は「オイ、オイ、俺は藤井聡を見てくれのいい盆栽なんかにするつもりはない、大地に根を張った何百年も生き続ける巨木に育てるんだ」と言うでしょうね。そして西部の意図した巨木は育ちつつある。

【藤井】 これから枯れないように気を付けないといけませんが（笑）、兎に角、西部邁という日光あるいは養分の様なものがなければ、僕の精神はこうはなってなかっただろうなと思うわけです。即物的に言うなら、古典と呼ばれるものをずっと一巻から二巻、三巻、四巻と、何のガイドもなしに読んでいってもそれなりに育つには育ったのだろうと思いますが、それだけでは辿り着かなかったような形に、僕の精神の樹木が、より大きく育成したんじゃないかと思うんですね。ただし、ここで重要なのは、それは決して、西部先生によって持ってきた「竹」を、僕の「木」に無理矢理接ぎ木した、という話しではない、という点です。成長したのはあくまでもこちら側の樹木であって、西部邁によってその成長が促進はされたものの、西部邁によって新しい何かを植え付けられたというものでは全くないわけです。

今は、僕個人のことを個人的な話として語ってはいますけど、それはきっと僕だけの身の上に起こったんじゃなくて、西部先生の身の回りの実に多くの人にそういう影響を与えたんだと思うんですよね。それぞれの人に精神の樹木が一本ずつありますから、その樹木を西部邁という存在が発する日光というか栄養によって、様々に大きく生い茂っていった、そんな風に思うわけです。

【森田】そういう意味で、西部さんは周囲の多くに知的影響力を与えていたと私も思います。そして、それはテレビを通じてでも若者を感化する力を持っていたと。

〘藤井〙ホント、そう思います。で、このイメージは、アリストテレス（Aristoteles）やプラトン（Platon）が古代哲学で語っていた、種子という一つの「可能態」から、西部邁がもたらす様々なミメーシス（mimesis）を通して、様々に「向け変え」られ、それぞれ固有の「実現態」へと育成していった、という話になっているんじゃないかと思います。

だから、少なくとも僕個人について言うなら、プラトン流の教育論の観点から西部邁のやったことを解釈すると、極めて良き教師だったと言えるんじゃないかと思うんです。

しかも、その時に、彼は決して教科書だけを語ったり、数式だけを語ったりするのではなく、彼自身の全存在を賭けて、喜・怒・哀・楽、全てを賭けて、かつ、そこに奥様も連れてこられ、お嬢様も連れてこられ、いつも同じ飲み屋で飲みますから、西部先生の古い友人や知人達も含めて、楽しく盛り上がるかと思えば喧嘩もあったり、ブチ切れるような事もあったり（笑）、そういうもの全てを通して、良きにつけ悪しきにつけ、深い深いディープインパクトを受けて、今の僕があるんだろうし、そういう風に感じている方が西部先生のまわりには実にたくさんおられたんじゃないかと思います。

【森田】 たしかに、そういう人は数多くいるでしょうね。

〔藤井〕 ちなみに言いますと、西部邁はいわゆる性格がいいか悪いかと言えば、一〇〇点満点の人格者だったとは、誰もがそうであるように、少々言い難いかもとは思います。公徳／私徳という言葉がありますけど、西部先生は公徳は凄い方ではあったとしても、私徳に優れた方であるかどうかとそれとは全く別の話でもありますが、そんなものもひっくるめて、僕は弟子としてできるだけ側に居ようとおもっていましたですね。

何と言っても仮に西部邁が聖人君子でなかったとしても、赤裸々に全てさらけ出される彼の濃密な空間の中で、それぞれの若者の精神は大いに様々に育っていったんだろうと思います。つまり、本来、それぞれの若者が種子として持っているポテンシャルを様々に発展させる契機を与えたんだろうなと思います。

【森田】 そして、どこか憎めないところがあった。だから多くの人に好かれたのだろうと思います。「永遠の悪戯小僧」のような面がありましたね。

〔藤井〕 仰るとおりですね。そして西部先生にそれができたのは、単なる知性だけではなく、情もありそして意もあるから、と言えるのだろうと思います。そんな知、情、意の三つで構成される西部先生という精神的実態の中で、それぞれの若者が精神を成長させていったわけです。そして、それは塾や飲み屋の空間だけじゃなく、立体的に形成されている生ものとしての西部邁の精神のかけら、片鱗を、本だとかテレビだとか記事だとか雑誌だとかの媒体にのせて、全国の国民、とりわけ若者達にバラマキ続けようとされたのが、西部邁という存在だったのだろうと思うわけです。で、僕が大学生の頃に観た『朝まで生テレビ』にも、そんな西部邁の精神のかけらが混入していて、それが一視聴者である僕に届き、僕にある種の化学反応を起こし、人生の岐路を向け変えさせ、今に至る道がつくられてきたんだと思うわけです。

西部先生がどんな方だったのかを僕の方向から語ると、こんな感じになるかなと思います。

【森田】 晩年の西部邁という人間が、どのような生き方をしていたのかということが、よくわかりました。

境界領域を開拓した経済学者ヴェブレンと西部邁

【森田】 僕のところへしょっちゅう徹夜の麻雀で来ていた頃、麻雀のメンバーが六人〜七人来るわけですね。負け抜けで、空いている時に、僕の書棚をずっと彼が見ていて、「どうぞ」って貸してやった本があるんですよ。

実は私は昭和二〇年の春からマルクスばかりやっていたんです。旧制中学に入学した年です。木下杢太郎《もくたろう》（一八八五〜一九四五）の家《うち》があって、その甥たちがみんな東大の新人会から始まって、戦後のいろんな学生運動のリーダーになったりとかして、その家で、マルクスについての教育をずっと受けてたわけですね。

で、そんな事をやって育ってきたこともあって、ずっと「いろいろ、もっと勉強しないと」と思って学生時代を過ごしました。そして、ちょうど私は昭和三五年のはじめに所帯を持ったんですが、家内が、いろんな本を集めてくれました。家内の実家が少し裕福だったためでしょうか。そんな事情もあって、河出書房が昭和三〇年から何年かかかって出してた、プラトンから始まる百何十巻ぐらいになる世界大思想全集のシリーズが全巻揃って書棚にあったんですよ。それを家で一生懸命読んで勉強していたんです。

西部はそんな全集も含めて、僕の本棚をずっと見るのが常でした。ある時、ある一冊を取りまして、「これ、貸してくれませんか?」と言うものですから、「それ、あげるよ」と。それはヴェブレン(Thorstein Veblen、一八五七〜一九二九)だったんです。ですから、三〇過ぎの西部にとって、ヴェブレンのような感じだったんじゃないかと思うんですよ。(世界大思想全集『ヴェブレン』河出書房、一九五六年)

【藤井】 ヴェブレンもあまり恵まれない人生を送るわけですよね。晩年もあまりハッピーではない人生を送りましたね。

【森田】 ヴェブレンは、学者というよりもジャーナリスト的な性格が強い人で。かなり挫折をしながら生きていたわけです。西部が三〇過ぎに東大助教授になった頃ですけれども、やっぱりそんなヴェブレンの感じだったのかなと思いました。

【藤井】 それで、西部先生はヴェブレンの一冊を手にされたのですか。麻雀には大負けしても収穫はあったと（笑）。

【森田】 ただ西部はその後の人生はヴェブレンを超えていくわけです。明らかに、完全に超えていく。あの三〇代の人生の曲がり角に、彼はヴェブレン的な感じを持っていたのかなというのは、印象に残っていますね。

【藤井】 西部先生が書かれた本はたくさんあるわけですけど、僕にとって重要な本の一つが、『知性の構造』（一九九六年）という本でした。先日十数年ぶりにもう一回読み直してみて、この本に僕は、大きな影響を受けたなと改めて感じたんですが、中でも特にimpressive、印象深い主張は何だったかと言うと、次の様な話でした。すなわち、「世の中に実態というものが仮にあったとして、その実態は経済学の視点から切り取ることができる。それはつまり、経済という平面でその立体的な実態のそれぞれの要素を語り尽くすかの様なことも一応はできる。しかしながら、それはあくまで一面であって、実はまた別の角度から見ると、また全然違う描写の仕方ができる。例えば、心理学的な描写の仕方ができるし、社会学的な描写の仕方もできるし、自然科学的な描写の仕方もできる。

西部先生はそんな事を表現する図式的なレトリックとして「立方体」を使うわけです。一つの実態が三次元空間にあったとして、それを六つの面がある「立方体」で取り囲む。で、その六面体のそれぞれの面が、経済学や社会学、心理学、政治学、文学、自然科学だと。で、その「実態」は、それぞれの面に「写像」できるけど、その写像の仕方は立方体の各平面の数の「六通り」ある、というわけです。そして、その立方体のそれぞれの辺は、それぞれの学問の融合領域になっている。例えば、経済の心理学があれば経済の政治学、経済の文学、経済の自然科学なんてものがある、と説明するわけです。

【森田】 そのあたりは、いかにも西部流ですね。一見、わかりやすいのだが、レトリックの奥が深い。

〔藤井〕 これはあくまでもレトリックで学問分野が六つしかないってわけでもないし、もっと複雑な学問構造になっているのが実情だとも言えるでしょうけど、学問分野というものの本質はこうなっている、という話を理解する上でもの凄く役に立つ。

そして、こういう視点はまさに、ヴェブレンのそれと同じですよね。ただ、こういう風に学問に触れていると、どうしても、ヴェブレンの様に不遇な人生となる。アカデミズムの世界はそれぞれの「平面」で、学術世界が作り上げられていて、その平面から一歩も出ず、その平面の中のルールに従ってさえいれば、助教授になったり教授になったり学会の会長になったり、勲章貰えたり凄く簡単にできてしまう一方で、その平面と隣の平面を接続したり、さらにその隣の平面と接続させようとすると、どうしても、その平面の住人である学者連中からすれば「変わり者」扱いを受けてしまう。ましてや、その真実に肉薄しようと、あらゆる分野を横断なんてしてしまえばもう、もう変わった学者じゃなくて単なる芸人か何かのように扱われてしまう。そうなると、その平面の中の仕事をどれだけ完璧にやってその平面の住人の誰よりも優秀な仕事をしていても、殆ど誰にも理解されなくなって、もの凄く不当な扱いを受けてしまう事になる。

【森田】 卓越した知の持ち主であるがゆえの不条理というか、世間的には不遇な実生活を余儀なくされてしまいますね。

〔藤井〕 ヴェブレンはまさにそういう不遇を感じていたわけですし、落語家と付き合い、ヤクザ者との交友関係を描いた友情なんていう物語を含んだ書物を出版してしまう西部邁も、同じ不遇を感じていたんじゃないかと思います。

ただ、真面目な学者ほど、それぞれの学界平面の「サラリーマン」として生きていくことについての良心の呵責に耐えられなくなっていくものなんだと思うんです。というか単なる良心の呵責があるというだけじゃなく、実際には他の見方ができることも知りながら、自らに一面的なモノの見方だけしかしない、という風に自らを縛り付けてしまえば、どんどん気が変になるというか、狂ってきてしまうことになるんじゃないかと思うんです。

【森田】 そうですね。西部さんは、ある意味で人よりずっと先が見えた。先が見えるために普通の人が感じない苦労もしなければならなかったと思います。先ほどの「立方体」の例えでいうなら、凡人には「縦・横・高さ」の等しい単純な立方体にしか見えない。ところが実際は、六面の外側に異なった色がついた立方体で各面が九分割されていて、それらが列ごと回転するルービックキューブだった。普通の人は、各列が可動するとはわからないので手もつけない。ところが、その構造が見えていたので、色々な方向に回転させてみた。すると、それは多くの様相を示すことに気づいてしまった。それなのに、そのキューブを回せないとすると苦痛ですし、それを我慢するのは辛い。

【藤井】 だからやはり気が狂わないためにも、例えば自然科学者も文学で時に語っておかなければならないし、文学者もたまには、至極簡単なものでもいいので、幾分なりとも数学的なものの理解も必要な時があるんだと思うんです。そうでないと、結局実態からどんどん遠ざかっていくし、その遠ざかっている事を心の中で分かっているのに、それを自分の専門の平面分野の「サラリーマン」として、その事実を隠蔽して、ただひたすらに、自らの専門用語でその問題を語り続ける、ということを続けていては、その人の人間としての「正気」が保たれることなどあり得なくなるわけです。

そのように考えると、若い経済学者・西部邁が、元数学者の宇沢弘文先生に学びながら経済学の研究を進めていたころ、ヴェブレンが表現するようなヴェブレン効果（消費行動の際に、人々が〝見せびらかしたい〟という虚栄心がもたらす効果）のような数学だけでは描写し得ないものに対する本質的関心が生まれ、それが、後の『ソシオ・エコノミックス』に繋がっていったんじゃないかと思うんですね。

でも、よくよく考えると真実に関心が向いてしまう、っていうさらにその原因には、ある種の不遇さというものがある、という逆の話もあるようにも思いますね。ある平面の分野の中で安穏と暮らしている学者にしてみれば、真実に対する本質的関心を失いがちになってしまう一方、ある平面の分野で不遇であれば、考えざるを得なくなってその内、自ずと真実が見えてきてしまう、ということもあるようにも思います。つまり、学者はある程度不遇じゃなきゃいけないのかもしれませんね。

【森田】 不遇ならば故に、人に見えない先、深い部分が見えるということは、あるだろうと思います。アカデミズムのもつ宿命的な厳しさですね。

〔藤井〕 宇沢先生はどういう境遇の方だったのか僕は存じ上げないですけど、「数学の上に経済学を乗せよう」という、当時の主流派の経済学者達がやっていた仕事に、熱心に取り組もうとされたというからには、真実、実態に対する切実性の排除がどこかにあったということはいえるのではないかと、想像いたします。

ただ、宇沢先生はそういう経済学という学問システムが否応なしに行い続ける「排除」というものに対するある種の違和感があり、その違和感を埋めるために「自動車の社会的費用」なり「社会的共通資本」なりといった非数学的な概念を、「別立て」で主張されていたのかもしれないなどとも思ったりします。ただしかしそれはあくまでも別立てであって、西部先生のようにあらゆる知の統合を目指したものとは別なのだとすれば、そこにやはり、真実、実態に対する切実性というものの違いがあったという事になるのかもしれないとも思います。

こうした宇沢先生と西部先生の学者としてのスタンスの違いというのは、ひょっとすると、子どもの頃の体験の幸福さとか、裕福さとか、あるいはその逆の不遇さとか、そういうものにも関係しているかもしれませんね。

学問の土壌となる、自然幼少期の体験

【森田】 先程もお話ししましたが、宇沢先生に日本評論社の編集顧問をお願いした際に、宇沢先生からいただいた条件が、私が『経済セミナー』の編集長になることだったわけですが、そんな事もあって、私は編集者でありながら、著者と言わば対等にふるまったんですね。そのために、多少トラブルとか起こったこともあったんですけれども、そこは変えなかったんですよね。

ただし、社長／編集局長は、「この三人とだけは喧嘩しないでくれ」と言われたのが、東畑精一（一八九九〜一九八三）、一橋の中山伊知郎（一八九八〜一九八〇）、有澤廣巳（一八九六〜一九八八）の三人だったんです。この三人が「ケシカラン、日本評論社は協力できない」となると、多くの執筆者が離れちゃって影響が大きいから、っていうのが理由でした。ついては私も、「分かりました、心配なく。会わなければ喧嘩しないから安心してくれ」と（苦笑）。

〔藤井〕 そんな事情が出版業界には、当時からあったんですね。学術出版社も学者に気をつかわなければならない面もあるんですね。ある意味で人間臭いお話です。

【森田】 宇沢さんが東畑さんと対談した折りに、「自分は世界に通用する一般理論、経済の一般

理論を作りたいんだ」と宇沢さんが言いました。すると、東畑さんが、「世界共通の経済理論というのはあり得ない」と一刀両断しました。それで、その対談原稿が、宇沢さんの希望でボツになった、っていう話は先程いたしましたが、東畑さんっていうのはそれくらいの大物経済学者だったわけです。

喧嘩してくれるなと会社が言っていた、残りの有澤さんと中山さんのお二人も、超大物の学者ですから、駆け出しの編集者が会ったところで、喧嘩できるようなレベルの方たちでは全くなかったですね。

〖藤井〗 当時の経済学界を代表する大先生たちだったんですね。

【森田】 昭和の、戦後の代表的な経済学者というのは、やっぱりその三人だったのかなというような感じはします。特に、東畑さんは、吉田茂（一八七八〜一九六七）の相談役でしたし、相当の影響力がありました。それから、農林省に対する影響は抜群だったですね。東畑さんの弟（東畑四郎氏）が、農林省の事務次官もやってたりしましたから。

東畑さんは三重県の出身なんですね。三重県の松阪の方。中山伊知郎さんも伊勢の出身。ですから三重県は戦後を代表する二人の経済学者を出していたわけですね。有澤さんは高知の出身でしたですね。

〖藤井〗 なるほど、戦後昭和の三大経済学者がそれぞれ、自然豊かな地方出身者だったわけですか。さらに言うと宇沢先生も鳥取県の米子ご出身でしたですよね。西部先生も北海道の長万部でしたし。最近の経済学者には都会の事だけ、東京のことだけ、あるいは、永田町の議論だけを見て机上の空論を語るっていう手合いがホントに増えてきていますが、今のそういう風潮と当時は大違いだったんですね。

現代人を鍛える三つの特異体験：留学体験、獄中体験、大病体験

【森田】 そうですね。ただ我々の世代の同僚達を考える上では、地方出身者も多かったっていうのも一つの特徴ですが、ホントに多くの者が学生運動をやって、その運動に挫折したっていうのも、その後の軌跡に大いに影響したもの凄く大きな特徴です。

そもそも一旦学生運動やってたっていうことがあれば、なかなか一般社会に入りづらくなってしまいますから、そんなのを心配した宇沢先生が、経済学部の学生達に留学の道を作ったわけですよ。私と同学年で一緒に学生運動をやった生田浩二（一九三三〜一九六六）や稲田献一さん達を宇沢先生は指導して、数学の勉強をさせて、ペンシルバニアとかに留学に行かせたんですね。青木昌彦君も、そうだったんじゃないかと思います。

ですから、学生運動をやった左翼の人たちがアメリカ留学をして、帰ってきて、大学に職をと。この時に、宇沢さんに世話になった人は多かったですね。

【藤井】 なるほど。そういう時代だったんですね。西部先生もそんな風にして学生時代、学生運動に拘わり、挫折して、宇沢先生に御世話になりながら海外にいってかえってきて学者になっ

た、っていうお一人だったわけですね。

【森田】そうです。ちなみにそんな同時代の人達の中でも、本当に優れているな、及ばないなと思ったのは、次の三種類の人々でしたね。まずは、長期の獄中生活を送った人。治安維持法違反なんかで長期に勾留された人はかなりいましたからね。それから、肺病、結核になった人。これは戦後すぐの時は助からないということだったんです。それから、若い時に留学して、二〜三年日本から離れた人。この三種類の経験を持つ人達は、ホントに力を持っていましたね。

ですから、言ってみれば、それが獄中であるか、病床であるか、海外であるかという違いはあっても、日本から離れた空白を持つ、っていう体験を終えた人は、我々のように日本でずっと、健康に、うまく生きてきた人間には、とても及ばないような何かがあるんですかね。

西部は、四か月ぐらい勾留もされていましたね。

〖藤井〗そうですね。しかも、イギリスやアメリカにも留学されていますね。

【森田】西部はそういう体験によって力を付けたんじゃないかなと思いますね。

藤井先生なんかも、スウェーデンに行かれたのが大きな転機になられたんですよね。先生の本なんかを読んでいますと、その留学体験が先生にとって非常に大きいんじゃないかなと思いますね。

〖藤井〗そうですね。あそこで、先ほど申し上げた様に、数学、統計数理的なものから、ソシオエコノミクス（socioeconomics）的な、社会的な、social science（社会科学）的なものに、学問が大きく転換する事になりましたね。

しかも、留学体験は学問だけの話じゃなく、物事の捉え方全般を大きく変えた気がしますね。学問の方向性が変わったのも、そういう大きな物事の捉え方全般が変わった事の帰結だったように思います。

それはおそらく一言で言うと、自分自身と「倫理」「道徳」「規範」というものとの距離感がぐっと近くなったんだと思うんです。

【森田】日本から離れたからこそ見えた日本があるわけですね。

【藤井】僕も典型的な戦後日本人の一人でしたから、日本的なものの中になにか嫌なものが含まれていて、それに対するある種の嫌悪感から日本的なもの全般から距離を置こうとする傾きがあったり、その反動で逆に過剰に日本的なものに近付こうとする時期があったりと不安定なところがあったと思うんですが、海外にいって、海外の規範や倫理観、社会的秩序や文明的品性なんかを感ずると、それに対するリスペクトの念を持つと同時に、自分の身に付いている日本的なるものを相対化することを通して、日本の伝統的な良きもの、守るべきもの残すべきもの、とりわけそれは日本的倫理であったり日本的規範であったりといった部分と、日本の悪しき側面、とりわけ最近の軽薄な風潮の下劣さとがより鮮明に峻別しやすくなったような気がします。

外国にかぶれるということよりも、むしろ、今先生のおっしゃったように、離れることが大事なんでしょうね。それが西部先生はアメリカ、イギリス、そして監獄も使って一般社会から離れたわけですから、相当俯瞰的に日本を見る機会を得られたんでしょうね。

【森田】 そうですね。そういう機会に普段の自分自身や自分の社会や国を客観視できるんですよね。その結果、身につくのが、自分自身と社会とを客観化する「力」なんだと思うんですよね。西部の力の源泉の一つは、そういうものなんじゃないかなと。

私は、藤井先生にもそれを感じますよ、はっきり言ってね。ものすごい力があるなと思いますね。西部が惚れ込んで「巨木」に育てようとしたのがわかる気がします。

世間の風潮など一顧だにしない「西部ワールド」

〔藤井〕 最初に西部先生の原稿を雑誌に載せようとした、僕が三〇の時、二十年以上前の時ですけれども、学会員の一部は、「これを載せるとヤバいんじゃないか」という言い方をするんですね。危険な思想だと。でも、その原稿は危険でも何でもないんです（本書、付論参照）。
ただ、一つだけ言えるのは、「常識」とは違うことを書いていたことは事実だと思います。例えば、日本には、「改革が大事だ」とか「インフラなんて無駄な箱物だ」という様な風潮が席巻していますけど、そんな風潮のせいで日本の屋台骨が壊れてきているのは、明らかな事実です。日本国内のドメスティックな空気や風潮を度外視して、落ち着いて今の日本を眺めてみれば、それは否定しようもない事実なわけで、西部先生もそれを言っているわけですが、それが「危険だ！」と学会の先生方は言うわけです。

つまり西部先生はそんな世間の風潮になど一顧だにせず、正々堂々と、日本の改革やインフラの真実を言ってくださったわけです。

日本の嫌なところ、ダメなところと良いところが海外でクッキリ見分けが付くようになった気がする、と申し上げましたが、今の日本人の一番嫌なところの一つが、この長いものに巻かれておけば良いじゃないか、という感覚です。

【森田】 良く言えば協調性があり、悪く言うと主体性に欠ける日本人の特質でしょうか。

〔藤井〕 そうですね……。日本人は、ついつい、簡単に言うと、一神教を持たない文化／風習ですので、客観視するのが著しく下手なんじゃないかと。一神教なら、日常会話の中ですら、容易く一旦「神の視点」に立って意味が通るかどうかを吟味した上で、スグに日常会話の空間に舞い戻ってきて会話を続けることができる。例えば、「Does it make sense?」（これは意味が通るか？）と聞けば、「It makes sense」（そうだね、意味が通るよ）とか、「it doesn't make any senses.」（全然意味が通らないよ、訳わかんないね）とか言ったりとかする。こういう会話の時、目上とか目下とか関係なく、ただひたすらに、意味が通るか通らないかについて彼等は会話を紡いでいく。ところが日本はこういう風に神の視座を持ちながら話をする、っていう風習がなく、ひたすらその場の空気、目の前の人のご機嫌にあわせて、会話をつないでいこうとする。

そんな延長に、当時の学会の人々が「西部邁の記事は危険だ！」なる意見がでてくるわけです。でも、彼等は、その内容の真の危険性を吟味しているんじゃない。ただ単に、世間一般に流布されている通り一遍の意見と違うかどうかだけをおどおどしながらチェックしてるだけなわけです。そんなもの、学問でも何でもないし、学会でも何でもない。

【森田】 西部が書いたことを、中身の評価ではなく、テレビで暴れ回っていた印象で判断してしまうんだ。そりゃ、西部がかわいそう。

〔藤井〕 ホントにウンザリする話ですが、西部先生にはそういう日和見主義は絶対にない。それは、海外に行かれたということもあるし、思想や哲学を学ばれたということもあるし。当然、若い頃に学生運動もやられて、ブントのリーダーもやられていたということもあって。社会から遊離するということについて、極めて慣れている方なんだと思うんですね。土木学会にいる一般のサラリーマン教授からすると、「とんでもない危険な奴だ」と思うんだろうけど。何も危険でも何でもない、当たり前のことを言っているに過ぎないわけです。

【森田】 そういう面では、藤井先生も同じなのではないですか。

〔藤井〕 僕個人の事で申し上げますと、子供の頃からそういう薄甘い空気には心底ウンザリし続けていたので、今から思えば、この世間からできるだけ離れた時空を一生懸命探していたように思います。だから、小学校や中学校くらいのころから文学はもちろん、思想や哲学、そして宗教にも本質的、本格的な関心を寄せていましたし、天文学や宇宙物理の本を読んだり、天体望遠鏡をのぞいたりして、地球上のこの俗世間から時間的にも空間的にも何万光年、何億光年、数万年、数十億年っていう過去や未来のことを考えることに対して本格的な興味を差し向けていましたですね。

だから僕にとっては、「西部邁」という存在も、そんな何万光年も離れた恒星や準星のような存在の一つだったわけで、このウンザリする程凡庸で俗悪なこの俗世間とは違う、「ホンモノ」の一つじゃないかと感じたわけです。そして塾に入ってみると、そこには、ホントにホンモノがあちこちにちりばめられた「西部ワールド」とでも言うべき、一般社会から遊離した、かと言って、破壊活動をやったりとか危険なことをやるのではなく、ただただ古典を学びながら、ただただ現状の社会を批評する、客観的に批評するという空間だったわけです。

目の前の空気に流されず、世間で「コレが真実だ〜！」なぞと言われているようなものの中にこそ、潜んでいるおぞましき欺瞞性を見抜く能力、そしてそれを臆せず「それ違いますよ」と、さながら裸の王様の子供の様に口にできる能力、というか力、そういうものを、その「西部ワールド」とでも言うべき時空の中で磨いていったんだと思います。

でもそれは、力とか能力というようなものでもなくて、ただ、正しいものを正しいというだけの話ですから、たいして力や能力なんて必要ではないものとも言えます。にも拘わらず、正しい事を正しいと普段皆が言えなくなっているのは、ただただ普段の日常が「歪んでいる」からに過ぎません。だから、そんな日常空間の歪みを歪みとして認識し、その歪みを真正面から引き受けない、そんな「姿勢」さえあれば、あっさりと違うものは違う、正しいものは正しいと言うことができるものなんだと思います。だから、西部ワールドで学んだっていうことは、正しい事を臆せず語る「力」というよりも「姿勢」といった方がいいようなものだったんじゃないかと思います。

で、そういう姿勢を学んだとするとするなら、それは西部ワールドに身を浸していたからであり、かつ、そういう世界を僕自身が望んでいたからだと言えるんじゃないかと思います。

西部ほど自由に生きた学者はいない

【森田】 私はいろんな学者と付き合ってきたんですけれども、西部ほど自由に生きた学者というのは東京では知りませんね。東大教授を辞めちゃうのもそうでしょう。

昔、中野好夫（一九〇三～一九八五）という英文学者が東大教授を辞めた時に、新聞も大騒ぎしたんですよ、東大教授を辞めちゃったと。だけど、中野好夫側に聞いてみれば、辞めたほうがはるかに所得が上がるっていうような話で（笑）。中野好夫にとっては、大したことではなかったんですね。

それから、一九六八年から七〇年まで、学園紛争が起こった時に、あの学園紛争が、例えば、進歩的文化人の丸山眞男（一九一四～一九九六）とか清水幾太郎（一九〇七～一九八八）とか、そういうのを敵視したんですよ。近くにいる人間を叩くという。これが、共産主義の一つの特徴ですよね。

〖藤井〗 内ゲバ的論理、ですね。

【森田】　それで、彼らがどんどん大学を辞めちゃったんですよ。彼らの場合は、学生から追い出される形で辞めちゃったんですけれども。かなりの人が大学を辞めたんですけれどもね。
　ただ、西部の場合はそういうのとはちょっと違った辞任だったんですね。西部はもっと自由の場で自由に生きたいということで、東大教授の権威なんていうのは大したことはないというので、辞めちゃったわけです。これは彼独特の辞め方ですよね。
〖藤井〗　西部先生以外、いないのかもしれないですね。
【森田】　これだけ学者として自由に生きた人間は珍しいですね。そういう意味では、西部は真の自由人としての生き方を自ら選んだんでしょうね。いかにも彼らしいと思います。

死生論と自由論

〖藤井〗　さらに言うと、その自由の一つのバージョンが、最期の自決だったんでしょうね。「生きるか死ぬかの自由は、この自分自身の命についての自由は、自分以外には誰も持ってはいない。自由な生のために、死を選ぶ自由を行使するんだ」というような、いわば東大教授を辞めるような自由を求めるメンタリティで人生も辞めはったのではないかと……。つまり、自由の発露の一つとしての自裁なんだろうなと思いましたね。
【森田】　自死を選んだ結論は、「最後の人間の自由は、自分の命を絶つことだ」ということで、それを彼は実践したわけですよね。個人的な見解としては、その西部の結論に対して、第三者がとやかく言うことでもない気がします。

〔藤井〕 彼が五〇半ばで書いた『死生論』（一九九四年）に、それが高らかに宣言をされて。あれは、彼が東大教授を辞めて、一般の市井の言論人として生きていくにあたっての一つのcriteria、指針をつくり、宣言された本だったんじゃないかと。

いわば、その後の西部先生の人生は、潜在的、象徴的な意味ではありますが、そこで語られた「死生論」に沿って、自分の人生プランを考え、そして実践されていったんだろうと。そして、その人生プランの実践のためには、その実践の自由の行使にあたっては、人の迷惑を顧みずに、実行されたんだと……。

ご案内の通り、西部先生の近くにおられた若い方お二人が、西部先生の自殺を幇助したということで、そのお二人は刑事罰の対象となったわけですが、これについては、西部先生はお亡くなりになった後ではありますが、受けるべき批判を受けねばなるまいと当方は思っています。

その批判とは、単に法律を破ったから、というような陳腐で表層的な批判ではありません。「死に様は生き様である」と書籍にまで明記して公言した以上、その死に様において、西部先生を心底信じた若い二人の人生、その二人の家族まで含めた複数の人々の人生に大きな被害をもたらしたという死に様を選んだということは、西部先生の生き様もまた、西部先生を信じてついていった若い人達とその周辺の人達に被らせる必要も資格もない被害を被らせ続ける様な生き方全般を是認したことになるという、その一点についての批判です。

僕は、如何に西部先生の弟子といえども、その様な生き様を是認する訳にはいきません。あえて申し上げるなら、刑法上は決して是認されるものではありませんが、実践思想上、思想実践上、その幇助という犯罪は完全犯罪でなければなかった。そうであれば、全てのつじつまが合う。事実、西部先生はそうしようとしていた。しかし、現実は完全犯罪ではなかった。人生と政治は違いますが、政治において適用すべき結果責任は、一人の人生においても、自裁という重大な政治的な影響力の大きな決定については適用されるべきだと思うのです。

こうした西部邁が受けるべき批判は、西部邁がもはや他界した人物である以上、無に帰するべきだ、というわけにはいかないと思います。死生論を公衆に対して語り、死に様は生き様だと公言し続けた言論人としての西部邁に対して最大の敬意を表す一人の弟子として、そういう形で許すべからざる事については許すべきではないという認識を、当方は持ち続けざるを得ない宿命を負っていると、自任しています。ただし……以上の事をここに明記した上ではありますが、この自裁という振る舞いについて「ご自身の思いはるとおりに、人の迷惑を全く顧みずに、やらはってんな……」という形で、西部邁を知る一人の人間として非常によく分かる話ではある、という風にも感じています。

【森田】 その意味では、学界の中で生きた……彼は生まれたのが一九三九年、それから八〇くらいまで生きたわけですね。その時代の一番の自由人ですよね。

自由、独立のために必要な「経営」との適切な距離感

〔藤井〕　その自由人になれたのは、それこそ独立自尊を目指し続ける独立心だったんだろうと思います。その帮助された自殺というものがそんな独立自尊の発露なのかどうかの議論は別としてではありますが、兎に角、西部先生は、独立自尊を目指し、その上での自由を目指した方であったことは間違いないと思います。

そんな独立のために、意外と世間には知られてないと思うんですけども、彼は「オカネ」のことに大変配慮されていたのは事実です。当たり前ですが、この資本主義国家の日本で、「独立」的に自由に振る舞っていくためには、オカネが絶対必要なわけですから。

西部先生はこういうことを一度だけ、こっそりとお話しされていたことがあります。「カネの話は人前で嬉々としてぺちゃくちゃ話するもんじゃない。ただ男だったら、カネのことは人前でしゃべらずとも、背中の後ろでこっそりと、そしてしっかりと指を折りながらでも計算しておきなさい」と。僕はこの話を、ことある毎に思い出すんですね。

【森田】　それは大事なことだと思います。カネのことになると、恥ずかしながら私は、まったく自信がないのではありますが、西部さんの言うのは一理あると思います。私たちが学生運動をやった頃も、実は、必要な資金をどう集めるかは、非常に大きな課題でした。私は下げたくない頭をどれだけ下げたことがあったことか。でも、現実社会というのは、そういうものですね。

〔藤井〕　特に今、『表現者クライテリオン』の編集長をやっていますから、編集長としては、雑

誌内容だけじゃなくて、この雑誌出版を巡ってオカネがどこでどういう風に流れているかはいつも気にかけておかなきゃならんと思っています。それがないと、結局、雑誌が消えてなくなって、発言の場そのものがなくなって、言論人としての自由が根こそぎ失われてしまう事になるからです。

だから西部先生は、細かいことは存じ上げてないですけど、雑誌の運営にあたっては、相当な私財を溶かし込んだんだと、何となくではありますが伺ったことがあります。それくらい、雑誌における言論空間というものを大切にしておられた。で、結局、この出版不況の中でも、版元が何度か変わったりしましたが、先生が立ち上げた『表現者』は潰れることなく、また、借金を残すわけでもなく、最後の最後まで続けられたわけです。その雑誌を引き継いだわけですから、柴山さんや浜崎さんや川端さんら、僕ら編集委員も、今の版元の社長の漆原さんも皆、この言論の灯を消しちゃいけない、と強く思っています。この僕達の思いは、まさに西部邁の独立自尊の精神の灯そのものだと思いますね。

で、その灯は、やる気さえありゃ続くんじゃなくて、馬鹿すぎてオカネの算段できなければ、やる気がどんだけあっても消えてしまうわけです。だから、あまりオカネの話を表でするもんじゃないが、裏でこっそり、ギリギリ採算が合うかどうかだけは、考えておかなきゃいけないわけです。まぁ、今日は陰でこっそり考えてるオカネの話を、本で公表する対談の中でお話し差し上げてしまいましたが、今日は西部先生を語り明かして追悼する特別な機会だから、ということで（笑）。

【森田】　いや、きっと西部は、「そうだ、そうだ、もっとやれ！」と言っているでしょうね（笑）。

〔藤井〕　そうであったらありがたいのですが（笑）、いずれにしても、西部先生は、破天荒でハチャメチャなように周りからは見えてたのかも知れませんが、しっかり考えるべきことは当たり前なんですけど考えていたというところは、意外と言われていない一面なんじゃないかと。しっかりと自分の枠を、この〝世間〟を前提とした上で作った上で、その上で、自由な活動を展開されていたわけです。

そういう意味では、我々、弟子筋もある意味、西部先生を信頼していましたですよね。破滅に向かう変な運動体に加担させられているという感覚は微塵もなく、粛々と、一市井の民として学んで、市井で暮らしをする、という関わりだったわけです。

で、そういう「枠」を世間の中で、オカネの事も含めてしっかり作る、ということのためには、ご自身で稼がれるというのもおありだったでしょうけど、いろんな方が西部先生を支援し、お助けになっていらっしゃるという事もしばしばありましたですね。そういう点は、若い頃から西部先生は色んな人から好かれるんだ、というお話しがありましたが、それとも大きく関連していることなのだと思います。そして、真面目に真実を語り続けていれば、仮に棄てる神がいたとしても、拾う神もいる、ということにもなるんだろうとも思います。

【森田】　私は、昭和二七年、一九五二年のはじめから、大学へ入ってすぐから、除名されるまで、七年間ぐらい共産党員だったんですね。かなり幹部にもなっていましたから、中央本部にフリーパスで入れましたし、中央本部の学生委員だとか、東京都の学生委員だとか、いろんな役員をやっていましたし。宮本顕治（一九〇八～二〇〇七）をはじめとして、みんな直接会っていろいろやっていました。

東大にも、駒場で一五〇人、本郷で二〇〇人ぐらい共産党員がいたんですけれども、意外に金銭にだらしのない人間が多かったですよね。だから、きちんとしているのは珍しいですね。印刷物なんかを出して、赤字もそんなに出さずにきちんとやったというのは、そんなに例がないですよ。

だから、その意味では、今の西部の話というのは、西部を崇拝する人にとったら救われますね（笑）。いい話ですね、本当に。

「破天荒」な西部邁の、徹底的な「律儀」さ

【藤井】ただ、当然ながらなんですけど、雑誌媒体、言論活動において悪意あるスポンサーがいると、それによって言論が歪められてしまうリスクは生じる事になります。『発言者』『表現者』の雑誌活動において、そういう歪みだけは絶対排除せねばならない。というよりも、むしろ、そういうものを排除するための場として、あの雑誌が作られているわけですよね。だから西部先生は、そこに「私財を溶かし込む」というアプローチを取られたんだろうと思います。

そうなると、自分がやりたいことのためにカネを使う、という話なわけで、そこはある種いわゆる「遊び」と位置づけが、実は可能なのだ、という点は普通あまり言われていないところなんじゃないかと思います。もちろんそれは、ふざけて言論をやっていたのだ、という話しでは全くありません。それどころか、その言論活動は真剣そのもの、だったのだと思います。

例えば、当方は釣りが好きで、当方個人の最大の遊びは、磯釣りで七〇センチオーバーの尾長グレだとか、三〇キロ越えのクエだとかの巨魚を追い続けることなのですが、相当な時間と労力と気力と財力をそんな釣りに溶かし込んでいます。おそらく一生かかっても僕が夢見てる巨魚を釣り上げることなんてできないんじゃないかと思いながら毎度毎度、相当過酷な磯釣りに一人で出かけていますが、それは遊びでありながら、恐縮ではありますが相当真剣に取り組んでいるもので、僕にとってはもはやそれはもう、仕事のような位置づけになっていてて、どっちかっていうと雨や雪が降る寒い日になんで徹夜で釣りしなきゃいけないんだ、もう辞めたいよ、なんてぶつくさ文句言いながら釣りに出かける状況になっちゃってるわけですが、そういう風に実は、遊びにはある種の真剣さが宿ることがある。そういう意味で、西部先生の言論活動は真剣な遊びだったとも言えるんじゃないかとも思うわけです。そう考えると雑誌がやりたいから雑誌に私財を流し込むのも当たり前だ、という風に言うこともできなくもない。

というか、そういう感覚でいない限り、雑誌編集をしている意味なんてない、という事すら言えるように思います。なぜかというと、そうでないと、「クライアントのために」だとか「おカネのために」だとか「地位と名声のために」だとかいう理由で雑誌編集をやり始めるリスクが出てくるからです。そんなので雑誌やってたって意味がない。とはいえ私財の投入なんてのは最後の最後の手段ですから、しっかりキャッシュフローが回る状況を作ることが大切なのも当然です。しかも若い書き手は、物書きだけでご飯を食べている人たちもいるわけで。

【森田】まさしく、私がそうです。出版社を辞めて、独立して評論活動に入って以来、どこの組織にも属することなく、自由な言論人としてのスタンスを貫いてきたつもりです。

〖藤井〗そうなんですよね……。しかも立派な執筆者に書いていただいて「なんや、こんだけか」と思われるようなものしかお支払いできないのは申し訳ないですから、その点についても、西部先生はそれなりに立派な執筆料を支払っておられましたね。「これ、世の中を改善するための活動なんだからさ、タダでやってね」というような「なぁなぁのノリ」は西部先生には全くありませんでした。こういう西部先生の律儀な側面というのは、あまり言われていないような気もしますが、ホントに律儀な方だったと僕は思います。

【森田】そういうところは西部さんの偉いところですね。麻雀は弱かったけれども、負けた分は、「いいよ」と言っても必ずきちんと払っていました（笑）。

〖藤井〗やっぱりそうだったんですね（笑）。ただ、ここで、大きな問題が一つ持ち上がるんです。これは、今まで出していなかったテーマの一つなんですが、先ほど、森田先生から、西部先生が年上から非常に好かれていたというようなお話があったと思うんですけど、それはやっぱり、西部先生の律儀さの必然的帰結だったようにも思います。律儀な人間というのは上からは好かれるんですよね。ところが、律儀な人間というのは下から嫌われる時があるんですよ。

【森田】　たしかに、そういう面はあるかもしれませんね。西部が自由人として生きる道を選んだからこその結果であるかもしれません。

〖藤井〗　なぜかと言うと、不埒な馬鹿が世の中には多いからです。いちいち名前は明かしませんが不道徳で渡世の筋というのを分からず、律儀さのかけらもないクズが西部邁の魅力、あるいは西部邁が持っているものに対する憧れや損得感性で西部邁に近付く弟子筋がいっぱいいるわけですよ。そうすると、そういう馬鹿な不埒者達は、まぁ、無礼な振る舞いをするわけです。僕が隣で見ててもちょっと引いてしまう様なクズな振る舞いをやっちゃう。

そんな事があると、律儀な西部先生はそういうクズな振る舞いのクズっぷりが瞬時にしてお分かりになる方ですから、そういうクズな振る舞いの不埒について、たしなめられることになる。で、西部先生は大層論理的な方ですから、そのクズな振る舞いのクズっぷりを滔々と論理的に解説、説明されるわけです。

【森田】　西部さんなら、あり得る話ですね。

〖藤井〗　ここでたしなめられた方に一定の「律儀さ」があれば、「誠におっしゃるとおり、私が悪かった」と理解でき、謝罪できるわけですが、たしなめられたほうが畜生に近い不埒な馬鹿であれば、どれだけ丁寧に西部先生に説明をしてもらっていても、チンプンカンプンで、何を言っているか理解出来ない、ということになる。そうなると、西部邁がやっていることは単なるハラスメントだとだけ感じる奴が中には出てくるわけです。西部邁の弟子筋の中には、それに耐えられなくて飛び出していく、というのが出てきたりするわけです。

僕はそういうのを何度も目にしてきて、若い奴の方にしっかりした律儀ささえ有れば、こんな事にはならないのに、といつも感じてきました。もちろん、西部先生に寛容さなり、ある種のおおらかさがもう少しあれば、展開が異なった若い方もおられたのだとも思うのですが、良きにつけ悪しきにつけ、それはもう西部邁の生き様だったのだろう、と今は思いますね。

いずれにしても時代がどんどんアノミー（anomie）（無秩序状態）になっていく中で、一般的な義理を重んじて生きている人間は、多かれ少なかれ、西部邁が直面した問題に何らかの形で苛まれているに違いありません。こんな時代に、周囲となんのコンフリクトも軋轢もなく生きていくには、自らの義理や人情を捨て去るのが一番手っ取り早いわけですが、西部先生は、そういうことだけは絶対にやらなかった。だから一人の西部邁の弟子としては、西部邁の「律義さ」というものを、もう少し多くの方にも理解してもらいたいと思います。その律儀さに一顧だにしないで、単に切れやすいヤバイ奴、とだけ誤解している人が、かなり近しい弟子の中にもいたわけですから。そこはとても残念に思いますね。

【森田】 私は、ある時期まで西部を見ていまして、彼のように何度も逮捕されて、獄中にも入れられて。それから、非常に一時期は絶望的な生活もして。街で喧嘩もして——という人が東大教授になって。そして、世の中の言わばオピニオンリーダーですよね。それから、単なるオピニオンリーダーでない思想家として業績も残して。そういう人生を送るというのは、珍しいですよね。ですから、彼に持っている何かがあるんですね。宗教者みたいな、何か、エトヴァス（etwas）があるんだと思うんですよね。

宗教性・信仰心を持ちながら、論理で否定したことで生まれた数奇なる人生

〔藤井〕　この西部邁と宗教の問題というのは、実は僕の中で西部邁論というものがあるとすると、最大の問題だと思うんですね。今、森田先生がおっしゃった大変珍しい人生を歩んだ、ほとんど反社のようなと言うか（笑）、公安に目を付けられると言うか、実際に逮捕されて獄中生活もしているわけですから――そんな左翼運動をやっていたのに、東大教授として世の中のど真ん中に入り、マスメディアのど真ん中で発言し続け、そして左翼とは正反対の保守思想を掲げ、挙げ句の果てに二人の弟子に幇助させて自害で果てると。実に数奇な人生だとしか言いようがない人生、ですよね。しかも、その人生が展開されたのが、大岡昇平が『俘虜記』（一九四八年）で描写した様に、日本社会全体が、「捕虜収容所」の様な代物に凋落してしまった戦後空間の中だったわけです。

この数奇な人生を歩んだ根源という一つの謎は、ないしは一つの答えは、先ほど森田先生がおっしゃった「客観視できる能力」なのだと思います。

【森田】 それは、西部さんが、ある意味で宗教に親和性があったというか、どこか宗教性を帯びた思索があり、それが彼の背骨となっていたのではないでしょうか。

〔藤井〕 そう思います。価値判断において「客観視」するにおいては、何らかの形で「宗教」、あるいは、控えめに言ったとしても何らかの「宗教性」というものを持ち出さざるを得ない筈です。逆に言うなら、宗教性を一切持ち出さずに価値を客観的なものとして語り出すということが、人間には原理的に不可能な筈なんです。

これは結局、キリスト教でしばしば論じられてきた論理と同じ構造となるわけですが、宗教なく客観視を目指すとすれば、そこで示された価値観が指し示す方向がとんでもなく「邪悪」な方向となる可能性が生まれます。いわば、客観視を目指せば目指すほど、悪魔・ルシファーの視線に近付いていく可能性が生ずるわけです。あるいは、単なる危険な意味でのアナーキズム・無政府主義に堕落していくことだってあり得るわけです。

赤軍派の集団リンチだって、彼等は純粋に「総括だ！」なんて言って客観的な価値の実現を目指していたわけです。でも、結局は彼等のやった事っていうのは、尼崎や北九州の連続監禁殺人事件や、シリアルキラーのマンソン事件と同じような単なる人間の内面のおぞましさ、悪魔性をただただ露呈させただけの残虐な犯罪に過ぎなかったわけです。

あれは、客観的であろうとしながらも、宗教性というものを一切棄却したからこそ生じた事件、犯罪だったのだろうと思うわけです。

ですから、西部邁はただ単に客観視するだけの男だったとすると、浅間山荘事件になる可能性があったわけですよね。事実、西部先生は、「僕はあの事件を見たとき、あぁ、あのままあの運動から抜けなかったら、僕はこういう事をしてたんだな、と思ったんだよ。だからああなるのが直感的本能的に分かってたから、僕はあの運動に拘わる事を止めたんだよ」という事を、何度もおっしゃってました。西部先生の本の中でもその事は何度か書いてらしたと思います。

僕はこの一件、つまり、西部邁は、そうなる可能性だってあったのに、事実、そうならなかったという顚末は、とても重要な意味を持つんじゃないかと思うんですね。

【森田】 藤井先生がご指摘の部分は、非常に重要な視点だと私も思います。西部という人間の本質的なものを構成する部分ですね。

〔藤井〕 それこそ、先程森田先生がおっしゃったエトヴァス、つまり、得体の知れない「何か」が、西部先生の精神の内にはあったんじゃないかと、思うんです。というのも、この左翼運動の果てに、おぞましく残虐な、何の正義も見いだせない暴力が待っている、という事が直感的本能的に分かったという感覚は、西部邁の精神の内に、明確に宗教性があった事を意味していると考えざるを得ないわけです。つまり、西部先生を西部先生にならしめたエトヴァス（何か）とは、やはり「宗教性」と呼ぶべきものだったんじゃないかと思うんです。仮に宗教性という言葉を使わないとするなら、陽明学で言うところの、いわゆる「天」の感覚が、好むと好まざるとにかかわらず、西部邁の精神の重要な位置を占めていたんだと思います。

それがなければ、あんなメチャメチャな人生を歩んでいる内に、絶対どこかで、変なところに落ちて、邪悪さに塗《まみ》れてしまいかねない訳ですから。結局、七九年の人生、七九年間の綱渡りを、邪悪さに塗れず最後まで全うできたのは、天の導きがあったから、あるいは、天と繋がる線を西部邁が持っていたからなんだと言えると思うんですね。だから、最後の一般の方、お二人に自殺幇助をさせて自裁に巻き込んだという一点が、最後の最後にひっかかるわけです。したがって、西部邁が天と繋がった人物であったと認識するためにも、当方は逆説的にもその点について西部邁を批判し続けないといけないという義務感が僕の中にはあるんですね……。ホントに西部先生は最後の最後まで、我々弟子達に難しい問題を投げかけ続ける人だなぁと、思いますね……。

いずれにしても、西部邁が何らかの意味で「天」と繋がっていた人物であること、あるいは、何らかの意味で、その精神に純度の高い「宗教性」を宿していた事は疑いを入れません。ところが、これがまた不思議な話なのですが、そういうことを僅かなりとも指摘しようものなら、烈火の如く怒り出すんです。

僕が若い頃、ちょうど三〇歳過ぎの頃、そういう夜が何度かありました。

お陰様で、「なるほど、この人はこの点をつついてしまうとキレてしまう方なんだな、だったら、その点はつつかないようにしてお付き合いしていくしかないな」という風に認識し、西部先生の晩年に至る迄、その点にはできるだけ触れないようにお付き合いをしていく事になったわけですが、当時はホントに悩みましたですね。何と言っても、あの天下の西部邁が、三〇過ぎの若造の藤井を怒りながら徹底的に言葉で攻撃してくるわけですから。

【森田】 ちなみに、藤井先生にとっての羅針盤というか、生きる軸になったのはどんなものだったのですか。

〔藤井〕 僕にとって「天」の方向を指し示す具体的なものは、子供の頃に読んだ太平記に描写されていた楠木正成の「忠」の概念だったんじゃないかと、思います。楠木の人生、楠木の物語というものは、天皇がおられて、皇室があって、それらが陽明学の言う「天」と一直線に繫がっている。何と言っても、「天」皇なわけですから、天皇に対する忠節は、そのまま「天」と繫がる事になるわけです。そういう感覚が、奈良で生まれ育った、万葉の里を流れる竜田川の周辺で生まれ育った僕の身体の中には、ごく自然にあるわけです。というかより正確に言うなら、どれだけ考えても、自身の精神の内に、自身と天皇と天を一直線で取り結ぶ感覚がないとは思えないわけです。

そういう話を僕が「いわば、楠木正成の血というべきものが、自身の体内に流れているっていう感じがするんです」という形で比喩的に口にした時に、激しく叱責されたんですね（苦笑）。「そんなわけないだろ！　お前の身体に楠木正成の血なんか流れているわけないじゃないか！」って。「でも先生、物理的な血の事を申し上げているのではなくて、比喩で申し上げただけで……」と説明しても、「そんなもんがあるわけないだろ！」というご主張でした。何やら当方が変ないかがわしい宗教にでもハマっているかの様な言いぶりだったわけです。そんなやりとりをそれなりに続けて、その晩は終わったんですが、また、次の機会にも同じような事がありました。

僕は当時、この叱責が大層こたえましたですね（笑）。あの、僕が尊敬する西部邁が、ここまで悪く言うんだから、僕の心にあるこの忠義の「忠」という精神は間違っているんだろうか、と思ったりしましたですね。そんな話しを近しい人達にしていたら、「それって単に、人として嫌われているだけなんちゃうか」なんて言われたりして、「そんなことあるんかなぁ⁉」なんて思ったんですね。

そんな事を長らくずっと考え続けた挙げ句、最終的にある時、あぁ、なるほど、と、達観する気分になったんです。ちょっと意味は不明だが、この問題はこれ以上考えるのはよして、一旦棚上げにしておこうと。幾ら考えても分からないんだから、一旦棚に上げておいて、じっくりと後始末を付けていこう、という事にしたわけです。そして、兎に角この話は西部邁先生はお好きではないのは事実なんだから、こういう話をするのは、西部先生の前では避けよう、と考えたわけです。

こういう話、というのはつまり、奈良の万葉の里で生まれた人間が身体性を持って忠義だとか陛下だとか語ること、です。で、そういう事を、西部先生の前で直接口にすることを、自らに禁ずることにしたわけです。

そうするとその効果はまさに覿面《てきめん》、そこから、西部先生は全く僕に怒らなくなったんですね。

すごくいい好々爺になられたんです（笑）。ちょこっと何か言われることくらいはありましたが、殆ど、責められることはなくなりましたですね。周りではバッサバッサと切られていく若い奴が一杯いた時もあっても、僕は、ホントに何も言われなくなりましたですね。

【森田】その結果、藤井先生にどんな影響を及ぼしましたか。

〔藤井〕この一件は当方の思想や人生、実践を考える上で重大な意味を持つものとなったように思います。僕は結局、天皇に対する忠節という意味における、自分の精神の中にある信仰を、一切捨てなかったわけですし、それを西部邁から否定されたという事を通して、一旦徹底的に疑ってかかったわけですが、それが拭いがたく我が精神の内にあることがより鮮明に分かることになりました。

つまり、当方が自然に持っている信仰心、あるいは、宗教性というものは、西部邁に直接教えられたわけではありませんが、西部邁から激しく反発されたという体験を通して、その存在の輪郭が、自分自身にとってより鮮明にクッキリと浮かび上がる事になったわけです。これもまた、西部塾の広い意味での教育効果、という事になるのだと思いますが、実を言うと、この問題は、今日の自分自身の研究や実践、言論スタイルにも、決定的に影響を与える事になりましたね。

「三島vs全共闘」が暗示する、宗教性・信仰心を巡る西部邁とのあり得べき議論

〔藤井〕やはり、そういう身体性ある信仰心、宗教心というものを、頭ごなしに否定してしまう

態度は、僕は、かなり深刻な問題を生み出す大変に危険な態度なのではないかと考えます。そこは自然に、あくまでも自然体で、自身の中にある信仰心や宗教心を肯定して生きていくことが必要なのだと、思います。もちろん、それが過剰なものなのか、それこそ偶像崇拝的な邪悪な側面がありはしないか、っていう一定の警戒心は必要だとは思いますが、警戒し過ぎることも邪な側面があるのだと思うわけです。

そして、そういう信仰心、宗教心を意識的に〝是認〟することがなかったとしても、それがありさえすれば、もうそれだけで連合赤軍の様な邪悪な振る舞いに走ることは回避できることはあるのだとは思いますが、やはり、その信仰心、宗教心の力、影響力は減退してしまい、連合赤軍ほどではないにしても、バランスが失調した振る舞いや言論が展開されることもあるのだと思うわけです。

【森田】 そういえば、西部は国土強靭化を批判していたことがありましたね。愛弟子が苦心惨憺して立論したことなのに。

【藤井】 はい、西部先生の晩年、当方が進める国土強靭化のとり組みを、曲解し、ああいうコンクリートばかり造る主張というのはけしからんのだと公言されたりしていたことなどは、その一環だと、思います。具体的に申し上げますと、西部先生は、ダイヤモンド・オンラインというインターネット記事の中で次のようにご発言されていたわけです。

安倍政権が国土強靱化をはじめとするインフラ投資に躍起になっていることは嘆かわしい。

あまりにも近視眼的で、ただ橋を何本つくり替えるとかいった施策を進めているだけに過ぎないからです。国のインフラ（下部構造）を整備するに当たっては、まずはスープラ（上部構造）についてしっかりと議論することが大前提。しかし、それがまったく欠如しているのが実情です。

【森田】その西部の批判は、藤井先生からすると的を射たものではないと。

〔藤井〕そうです。ここで、国土強靭化の思想は、提唱者の僕が改めて断定的に申し上げますが、西部先生がおっしゃるように、「上部構造」の存在を前提として構想されたものなのです。だからこそ、あえて有機体、生物の「生の勢い」を強化する主旨の「強靭化」という言葉を当方から提唱しているものなのです。そのあたりは、実に様々な場所で論じてきていますが、西部先生は全くそれについてご存じないわけです。

ただ、先にも触れましたように当方は、西部先生にその内容を詳らかに説明していたわけではありませんから致し方ないところはあるとは思います。ですが、マスメディアで公言されるのなら、イメージだけで語るのではなく、幾分なりとも国土強靭化が一体どういうものなのかを確認されてからご発言されるべきだったのだろうと思います。誠に嘆かわしいお話しです。

【森田】発言内容やメディアでの公言については熟慮するであろうはずの西部にしては珍しい失策ですね。

〔藤井〕こういう「ミス」を犯してしまうのは、一つには、ご高齢になられて注意力が低下されてしまっていたという問題もあったのかもしれませんが、それ以前に、思想的な嗅覚が十全に働かなかったからだと思います。

そもそも国土強靱化の思想の理解は、単に理屈だけでは不可能です。国土と自らの身体とが繋がっていると考える、まさに、当方自身と楠木と天皇と天とが繋がるという感覚を持つのと同じような感覚が必要なわけです。

そういう身体的な感覚がなければ、あの天才、西部邁の主張とは想像出来ないほどに陳腐な過ちに基づいた安易な国土強靱化批判を公言することにもなるのだと思います。そして、西部先生の最期についても、その点が関わっているのではないかと感じているわけです。

ただ、僕は、この点について西部邁に対して否定的な感情を持ってはいません。なぜかというと、晩年、当方にとって西部先生は師匠であると同時に、お爺ちゃんと思うような感じになっていましたから（笑）。「もうお爺ちゃんやねんから、みんな、とやかく言わんとってあげて」というような気分が僕の中に濃密にあったわけです。ただ、死生論の結末、だけは一人ひとりの言論人同士としてそういう風に片付けることはできませんが。

だから西部先生がもうちょっと若かったら、「身体性」「信仰心」の問題はもっと突っ込んだ議論になったかもしれません。

【森田】 そうですね。晩年の西部にその議論は少々、きつかったでしょう。老いというものの精神を減殺する力というのは、想像以上に大きいものです。自身は少しも変わりないと思い込んでいても、やはり年齢というハードルは決して低くありません。それは西部よりずっと長く生きてきた私が実感することです。

〖藤井〗　それは例えば、『三島由紀夫vs東大全共闘〜50年目の真実〜』（二〇二〇年）っていう映画がありましたが、その「vs」の議論です。この映画は、一九六九（昭和四四）年に東京大学駒場キャンパス九〇〇番教室で行われた、三島由紀夫と、東大全共闘の学生達との討論会についてのドキュメンタリー映画なんですが、この討論会で、三島は教室を埋め尽くす約一〇〇〇人の全共闘の学生達に、「天皇」と言ってさえくれれば連帯できる、と呼びかけるシーンがあるんです。学生達はこの呼びかけを拒否するわけですが、この時、学生達は三島のこの呼びかけの真意を理解しようとはしなかった、つまり、議論することそれ自身を拒んだわけです。その代わりに学生達のリーダー格の一人が、「解放区をつくり、あらゆるものの意味を、もう一度自分達の手で作り上げるのだ」と対抗するわけです。

この主張は出鱈目としか言いようがないものです。作り上げるためには西部先生が理論化した、ハイデガーが言うところの先入見としての伝統が絶対的に不可欠なわけで、しかも、その伝統の中に天皇という存在が濃密かつ明確に存在することは否定し得ないわけです。その点で、この全学連の学生の主張は完全に出鱈目なわけです。西部先生はおそらく、そこまでは合意する筈です。ですが、学生達が天皇を拒否したのは論理的な帰結ではなく、もっと直接的な、気分的な問題です。西部先生の身体性、信仰心に対する拒否も、そういう側面があったんじゃないか、と僕は思います。

つまり、あの僕と西部先生との身体性、信仰心を巡るある種の対立は、この三島と全共闘の対立と同じ構図にあるものだと思うわけです。もちろん学生と三島の関係性と、師匠と弟子との関係性とは、背景は全く違いますが、その対立の思想的構図は完全に共有されているように思います。

西部先生は、伝統についての解釈や論理を、保守的言論の主軸に据えて様々に主張されていた一方で、具体的な伝統を最後の最後まで拒否されたわけで、必然的に最終的に三島的な立ち位置は取られなかったんだと思うんですね。一方で僕は、生まれ育ちの影響もあってか、あっさりと三島的なところに立っていたわけです。

真剣に生きた不完全な人物だったからこそ「守・破・離」はもたらされた

【森田】 西部邁という人物は、師事するにはなかなか一筋縄ではいかない面が多々あったと思うのですが、最後まで西部の側におられた藤井先生の目から見た師弟関係はどんな特徴があったと分析していますか。

〔藤井〕 これは確信していますが、明らかに西部邁自身は天に導かれて、つまり、天皇陛下の「天」に導かれていたと思います。ただそれを生涯、言語でもって肯定しようとはしなかったわけです。というかそれをあからさまに否定して見せ続けたわけです。

そこに西部邁という一人の言論人の最大の特徴があったんじゃないかと思います。そこに西部先生の面白さがあり、場合によっては限界があったのではないかと。そして、そんな限界があったからこそ、弟子筋にも生きるよすがを与えていただけたのではないかと。つまり、師匠から離れる契機を与えていただくことができたとも言えると思います。

我々弟子は、どこかで必ず、師匠から離れないといけません。伝統については守・破・離という言い方がありますけど、最初はただひたすら学んで模倣し、その教えを「守」るのだけど、それが暫く続くとその守ってきた教えを「破」っていって、弟子は様々な方向を模索する、そして、最終的に、師匠から完全に「離」れるというプロセスが、日本の伝統的な師匠から弟子への伝承プロセスだと言われるわけですが、そうするためにも、師匠はどこかで完璧であってはいけないわけです。僕にとっての破や離の契機は、まさにこの、天皇や忠義を巡る、信仰心、身体性の問題だったわけです。

そういう意味で、「離」において、すごいいいポイントを与えていただいたとも言えます。例えば、最期の亡くなり方についても、守破離の「離」――お前たち、俺に頼るんじゃねえよ、というような、「離」として機能している。それがいいかどうかは別として、そして、西部先生が意図されたかどうかは別として、そういう風に「機能」している事は間違いがないと言えるように思います。

宗教と西部邁との関係というのは、要するに、天皇と西部邁の問題という、これまで十分議論されてこなかった領域として残されているなと思います。そう考えますと、とても面白い話だなという風にも感じます。

【森田】 先生の話は、非常に重みも中身も、それから興味深さもありますね。これはいい本ができますね、本当に有難いですね。私は、長く生きてきて、いろんなタイプの人と付き合ってきたんだけれども、西部は独特でしたね。

〔藤井〕 修道院に行っている宗教家みたいに、全て「エホバの……」「神が……」とか言い出す人がいたとすれば、話しを聞いていても議論をしても面白くも何ともないですからね（苦笑）。だから西部先生は実は、ずっと宗教のことを否定し続けることを通して、神の偉大さを逆に描写したというような側面もあったような気もします。

あっさり肯定してしまうと、浅い神というものになってしまいますから。あれだけ否定し尽くしたからこそ、より深く神を感得し得たという側面もあるのではないかと……。

【森田】 たしか、西部さんは、生家はお寺さんでしたよね。

〔藤井〕 そうなんですよね、そこがまた、西部邁のなんというか面白みというか味というか、そういうものの背景にもなってるんでしょうね。

語り得るものを徹底的に語り、語り得ぬものを「歌」う

【森田】 確かに、藤井先生もそうだけども、我々は文字にしたりなんかして生きているわけです

ね、言葉というものを武器にして。言葉で表現できていない世界というのは、ものすごくありますよね。人間の知能では及ばないこともあるし、及んでも文字にならないこともありますよね。そういうものというのは抱えているんですが。優秀な人は、それに相当接近できるんですよね。

【藤井】もちろん、もっとも語り得ぬものとして残されるのは、「死」というものがありますが

——西部先生は、そこを常に意識され、様々に思考されていたんでしょうね。

晩年の書物の『友情』なんていうのは、思想的なことも語りながら、彼の古い友人のことを、小説仕立てで語っていくわけです。「半チョッパリ」と彼は書いていましたけど、日本と朝鮮のハーフの古くからの西部先生のご友人で、大人になってヤクザになって、最期、焼身自殺を遂げられるんです。西部先生は事あるごとに、彼と交流があったと。

この世の中に対する違和感が、西部先生の中にあって、その違和感と同じ種類のものを「半チョッパリ」の親友の方が持たれていたということなんだと思います。片やヤクザ、片や東大教授なのに、不思議な友情がずっとあったんだという物語で。

たぶん、こういう物語でしか表現できない、あるいはこういう物語を読んだ時しか現出しない、感情／現象というものがあるんだと思うんですね。思想／哲学／理論／論文では表現できないような。それがある種の文学であったり、詩であったりという。

【森田】そして、西部は酒も好きだった。酒というか、盃を酌み交わす場が好きだったのかもしれない。何となく寂しがり屋の面もありましたね。

【藤井】　西部先生が好きだったのは――、だいたい飲んでいると最後はカラオケに行きまして。「ダンチョネ節」だとか「石狩挽歌」だとか歌うんですよね。それから「異国の丘」だとかの軍歌や、「月の砂漠」もお好きでしたね――あの月の沙漠に消えていく男と女は、一体何を考えていたんだろう、とよくおっしゃってましたね。

西部塾では午後六時からの二時間でまず先生は「論理」を語り、八時からは食事をしながら「議論」を戦わせ、夜中近くになってくるとカラオケに行って「歌い」ながら、あの〝月の砂漠〟の男と女は一体何を考えているんだろう、なんてことをしみじみと考えてたわけです。まさに毎回、この俗世からのショートトリップ、でしたね。しかも西部先生は夜中過ぎには帰られて、あとは若い人だけ残って朝までずっと何だかんだと飲みながら話しするわけです。こんな楽しいことはあるかな、というぐらい楽しい新宿の夜でしたね、毎月毎月。三〇代、四〇過ぎぐらいまで、朝五時六時まで月に一回二回。

その体験が、本だけでは、理論だけでは、論文だけでは、学会の議論だけでは、さらに言うと、ただ単に仲間と酒飲んで馬鹿騒ぎしてるだけでは到底体験し得ないものを体験する時空だったわけです。ホントに有り難い体験でした。

【森田】　西部は、同じ北海道出身で、六〇年安保で全学連の委員長をやってた唐牛健太郎と非常に仲が良かったんですね。とにかく八方破れで、自由で、似たところがあったんですが。違った点は二つあったんですね。

一つは、西部は文章がうまかった、文章が書けた。文章で人を説得できるような力があったということ。もう一つは、留学することで、日本と自分自身を客観視できたこと。

唐牛は、この二つがないんですよ。だから、八方破れのままいろんなことをやりまくった人生でした。ただ、スター性があったから、マスコミが追っかけたんですけどね。かなり早く病気で亡くなりましたけどね。

だから、西部には、文才と、それから留学という独特なものがあった。そして日本と自分自身とを客観視できる、その二つで唐牛と違う人生を歩んだような気がしますね。ちなみに、獄中生活は西部も唐牛もどっちもやっていたところが共通してるんですが。

再び、経済学者・西部邁の優秀さと野心、そして生真面目さ

〔藤井〕　獄中生活、というのもなかなか体験できませんし、それもまた、世間を客観視する重大な契機になり得そうですよね。

ところで、西部先生がそんな学生運動や獄中生活を経た上で急転直下、大学の先生、学者になられてから『ソシオ・エコノミックス』を書かれる訳ですが、その頃の時代というのは、かなり普通の経済学者として論文を書いていらっしゃったんですよね？　今日はそのあたりのお話しも是非お伺いしたいと思っていたんですが、『ソシオ・エコノミックス』的なことも論じておられたけれど、学者としての業績はいくつも上げていらっしゃるんですよね？

【森田】　私は、彼は勝負に出たような感じがしますね。
〖藤井〗　『ソシオ・エコノミックス』で？
【森田】　そうです。つまり、僕は『経済セミナー』という雑誌を自由に使っていいと、分量が多ければ全部載せると。内田忠夫、衛藤瀋吉、両先輩に頼まれた以上は責任を持たなきゃいかんと。佐藤誠三郎とか公文俊平まで「西部を頼む、頼む」と言うわけですから。
　それで、感じとして、勝負に出たような感じがするんですよ。その勝負に出たことが、見事に当たったんですね。吉野作造賞を取って……。つまり、彼は全国区になるわけですからね。
〖藤井〗　西部先生が、意外と律儀であるとか、お金のことをしっかりと経営として考えていらっしゃったとかいうのが世間にあまり知られていないのと同時に、その「勝負」に出られる前の時点で、極めてしっかりとした学術論文を書いていた、ということも知られていないところですよね。
　さもなければ、大数学者／経済学者である宇沢弘文が、拾うはずがありません。そもそも宇沢先生が海外にいた時に、どうやら西部というすごい奴がいるという噂は聞いていて、帰ってきた時に、すぐ「西部君って誰だ？」と聞いて、飲みに行ったとかいう話しを聞いた事があるのですが……。
【森田】　私も、その話は聞いたことがあります。西部は、意外に有名人だったんですよね。
〖藤井〗　学生として、有名な方だったんですかね？

【森田】 学生運動家としても、割りあい著名だったんですね。ですが、学者になってからも、勉強の面でもきちんとしていたような感じがしますね。

〔藤井〕 いわゆる一般的な頭の良さって、測りにくいものですけど、西部先生はそれに関しても、極めて秀逸な頭脳を持たれた方だったんでしょうね。

たぶん、思想をやり続けるっていうのは、一つの事物を聞いて十を知るという活動を、一〇〇のことについてやっていれば、それで一〇〇〇のことが分かっているわけですし。一〇〇〇ぐらいのことを分かったら、だいたい世の中のこと全体に近付いていく、というようなことをずっと繰り返していく、っていうことなんだと思うんです。で、そうやってどんどん繰り返していく内に、思想が深まっていくわけで。

で、そういう事を繰り返しながらいろんなものを関連付けていったり、再解釈し直していく──もちろん、関連付けることと再解釈するって同じことですけど、これを高速に頭脳の中で展開していくことが、思想を深めるということなんだと思いますし、新しい事象が起こったときに瞬時に、いろいろな解釈を付与することが可能となったりする、ということなんだと思います。これこそ、「思想」と呼ばれるものの、認知科学的な説明になっているんだと思います。

で、西部先生は、そういう「思想」というものが、本当にすごくできた方だったんだと思います。で、そういう「思想」の超絶な高速展開を、西部先生の優秀な頭脳、すなわちＣＰＵ（central processing unit、中央演算処理装置）を使って実現されていたわけで、それができたから、硬直的で平板で陳腐で凡庸な思想から瞬時に脱却し続けることが可能となっていたんだと思います。

世間の西部評を伺っていると、そういうところは実はあまり語られてないし知られていないように思います。世間に流布されている風評は、「無頼な、ヤクザな学者だった」というもので、確かにそれはそうなんだけど、その裏側には超絶に明晰な頭脳があった、頭脳のCPUとしての性能がかなり高度だった、っていうのがあったわけです。しかもある種の精神の高潔さもあり、さらには胆力もおありだったというわけです。表面的にはそういう最後の「胆力」のところが目立つから、「無頼でヤクザ」なイメージが広がってはいますが、そこだけでなく全体を見渡すと、その知能の優秀さや高潔さというのは、「西部邁」を考える上で欠いてはならない重要な点なんだと思います。

そうじゃないと、ソシオエコノミクスまで辿り着かないと思うんですよね。

凡人は、経済学を学んでいると、経済学村の内部にいるだけで、先輩の経済学者達が残していった理論なり主張なりを理解するだけであっぷあっぷで、一生、その経済学村の内部のことすら分かりきることができない。経済学の理論だけでも、あれも知らないこれも知らないとなるんですけど、一定の知性があると、「こんな村の中身の理屈ばっか相手してるなんて、退屈至極、やってられんわ……」という気分にスグになる。「経済学の外側に、無限の宇宙が広がっているじゃないか、その大海、大洋に出ていかないと、どこにも行けないじゃないか」と思うようになるわけです。ところが残念ながら知性がないと、そこまでたどり着かず、経済学村のちっちゃな水たまりだけで溺れ死にそうになってるわけです。

けれども、西部先生は若いうちに、経済学村が、スグに「ちっちゃな水たまり」程度に思えてきて、で、スグに大海に泳ぎ出す事にされたんでしょうね。

【森田】　彼は麻雀が好きで、麻雀にしょっちゅう来て、徹夜の麻雀をしてしょっちゅう付き合ったという話だけをしているんですが（笑）、同時に、その間に、我々編集者は学会の情報をあけすけにしゃべるわけですね。

だから、我々編集者とそこまで飲んでしゃべってやっているということで、学者が得る情報というのは、なかなか得難いものがあるわけですね。我々は台所まで入り込みますからね。いろんな人間の、有名な学者の性癖まで知っていますから。

だから、西部が単に我々のところへ麻雀だけをやりに来た、チンチロリンだけをやりに来たのではなくて。むしろ、それによって学会の情報やなんかを、編集者の出す生の情報、それを得ていたような気がしますね。だから、相当利口な男だったと思いますよ。

〔藤井〕　そして、森田先生の書架から、しかるべき本を拝借していった（笑）。

誰にでも好かれ、そして、誰をも好いた、西部邁

〔藤井〕　研究だけでなく、経営者としてそういう情報収集は重要です。国家で言うとインテリ

ジェンスそのものですから。いわば、学界における諜報活動もきちんとされていたんですね（笑）。

そういう意味で、例えば僕が安倍内閣の参与（内閣官房参与）を一時期やらせていただくことがありましたですけど、そのきっかけは西部先生がつくってくれたわけです。そもそも西部先生が「西部邁ゼミナール」（放送期間：二〇〇八年一〇月四日～二〇一八年一月二七日）なんかの場を使いながら、安倍晋三が第一次内閣が終わって失意のうちにいたと表現してもいいような時期に番組へお呼びして、「ぜひ彼を応援してやろうじゃないか」と言ったからなんですよね。その流れがなければ、僕が参与になるということもなかったんじゃないかと思いますね。

そんな西部先生はよく「安倍さんも、そりゃあいろんなことをちゃんと分かっているわけじゃないけど、今僕らがここでしゃべっているようなことを何となく片鱗だけでも分かっていると思うんだよな。だから、そうじゃない奴もいっぱいいいるんだから、応援してやりゃあいいんだよ」という話をおっしゃってましたですね。つまり、全幅の信頼を安倍晋三という一人の政治家に置いていたわけではないでしょうけれども、応援してあげていらっしゃったわけですね。

その時に、西部先生にとって重要だったのが、「政治家とのお付き合いでは、その政治家の『権力』が弱くなった時にこそ、しっかりとつきあっておくべきだ」という戦略だったんじゃないかと思います。そもそも政治家は、権力がある時に人が寄ってくるのには慣れているので、それは、単に自分を利用するためだけにきた、フェイクとしての仲間、偽物であると捉える傾向がある、ところが、権力がない時に支援してくれる人、懇意になる人というのは、本当に信頼できる人だと思う傾きがあるわけです。西部先生はその点をしっかりと理解されていた、ということもあったように思います。

【森田】 それは、まさに西部らしい戦略分析だと思います。そして、政治家・権力者のある一面を鋭く突く真理があると思います。私は、吉田茂元首相だけは国会で見かけただけで話をしたことはないのですが、以降の総理大臣は一人残らず実際に会って話をしたことがあるので、よく理解できる気がします。

〔藤井〕 やはり、そういうところはありますですよね。今のお話の内容で申し上げると、そういうある種の戦略論が西部先生にはあるから、ちょうど麻雀をしながら、編集者からいろんな情報を聞くことの重要性を敏《さと》く理解していたんじゃないかと思うんです。

僕、この「敏《さと》さ」というのが、決して批判されるべきものではなくて、それこそ独立自尊で生きていく上で、つまり、清廉でかつ潔白な人生にとっても重要な要素の一つなんだと思うんです。だって、よく勘違いされますけど、学問と政治は無関係だと言う人もいるんですけど、絶対そんなことなくて、学問というものは一般に publication（出版）で終わるもので、その publication という行為そのものが、人に影響を与えるある種の「政治」な訳です。それはある種の理論を世の中に publicate ＝公共財化・共有化するということですから。この共有化するという行為は、必ず politics ＝政治を含みます。だから誠実な学者は、必ず政治にも関わりを持たざるを得ないわけです。特に社会科学の場合はその傾きが極めて濃厚な筈なんです。

それこそ、エドマンド・バーク（Edmund Burke）にしても、オルテガ（José Ortega y Gasset）にしても、政治を政治家としてリアルにやっていたわけです。イギリスなりスペインで。

【森田】 日本の学界というか、学者の世界では、どうも「政治というのは次元の低いものだ」というような観念が染み付いて離れないようですね。実際に政治家と接したり、具体的な政策提言をしたりすると、内容を問わずにバカにする傾向が顕著なような気がします。だから、私のように「政治評論家」などと周囲がレッテルを貼ると、「権力に尻尾を振る奴だ」となってしまう。政治から離れていれば、自らが孤高を保てると誤解している似非学者は少なくないと思います。

【藤井】 西部先生や我々は、政治家がやるような政治というものをやっているわけではないですけど、学者として政治と関わりを持っているわけですが、そういう政治と関わりを持つ、という行為は、誠実な学者にとっては、とりわけ社会科学者にとっては、至極当然の「責務」だと思います。そういう意味では、森田先生もいろいろと安倍晋三先生にアドバイスされたり、二階俊博先生とも意見交換されたり、野党の先生方とも交際されていますよね。そういうアクティビティは、社会科学たる以上、当然のものだと思うんです。

そういう意味で、政治家との付き合いにおいても、誠実に、かつ、敏くお付き合いをするという西部先生のふるまいは、僕は立派だったと思いますし、学ぶべきものとしてそばで学び、今もその志向性を活用させていただいています。

【森田】　本当に、誰にでも好かれたけれども、誰をも好いたという面があるんじゃないですかね（笑）。食べ物じゃないけれど、人の好き嫌いはなかったのかもしれませんね。好きな人にも厳しく対応して反応を楽しむ性癖はあったと思うのですが（笑）。

〔藤井〕　なるほど、ホントそうですね（笑）。

【森田】　今日は本当に楽しい語らいでした。

　きっと、西部は「二人で俺を肴にして勝手なことを喋りやがって。この授業料は高くつくぞ」とあちらで息巻いていることでしょうね。私が、あの世に行って、また麻雀をやって、西部に勝って高い授業料相当分をチャラにしてやることにしましょう（笑）。

〔藤井〕　はい、本当にありがとうございました。大変に、勉強になりました。

【森田】　こちらこそ、ありがとう。また、西部のことあれこれ思い出しましょう（笑）。

（終わり）

第二章　西部邁による「森田実」評

善良な策略家 森田実――西部 邁

もうひとりのブントの指導者として森田に言及するのにたいし、異論があるだろうと思う。それもそのはず、ブントは森田を積極的に排除したのであり、彼がブントの創立メンバーのひとりであるのは形式上のことにすぎない。一九五八年から五九年にかけて、森田派といえば、そこには少からず侮蔑の意味がこめられていた。思想的に不誠実で理論的に曖昧であり、大衆運動の力学とそこにおける権力的な布置にのみ敏感であるのが森田だとされていた。つまり森田のイメージは策略家のそれであった。

私のような新入生はその真偽を自分で確かめようもなかったのだが、なるほど、と思わされることが一回だけあった。一九五八年の一〇月だったと憶えている。ある夜、森田が駒場寮に現れ、寮食堂に数百名の学生を集めて、猛烈なアジ演説をはじめた。警職法反対闘争のためである。それは物凄いとしかいいようのない煽動であって、「今現在、品川駅で国鉄労働者が当局の弾圧をはねのけて実力ストに起ち上っている、泊り込みの体制で支援にいこう」という内容を、きわめて生々しい状況描写をまじえながら、激越な調子のなかにも時折に静寂の間を入れつつ、たぶん

四、五〇分ほども、聴衆をかたときも厭きさせることなく語るのであった。かなりの数の寮生が真剣な面持で品川に向い、むろんそのなかに私もいた。

しかし、品川駅には何事も起こっておらず、起こる徴候すらなく、私たちは、夜の白む頃、白々とした気分で寮へもどった。学生を利用した山猫ストはどうやら失敗に帰したようだ。私は、なるほど、これが森田流かと感じ入ったわけである。

島がその倫理性の高さによって信望を集めていたのにたいし、森田は、真相はさておくとして、それが低いという噂によって、学生離れした高度の政治的手腕にもかかわらず、排除されつつある模様であった。東大・早大のグループと革共同関西派のグループは森田派を排除する点において一致していたようである。

しかし森田の実力を知悉していた島だけはそれに反対し、ブント結成に名をつらねることになる。島によれば、「ブントをつくるときのいちばん大きな人事問題というのは、香山健一たちのいわゆる森田派の連中をのけろということだった。俺はだけど森田を入れなかったらブントをつくったって仕様がないというわけで、最後まで調整役をやっていた」とのことである。しかし、ブントは結成と同時に世代の交代をも伴うことによって下部へと影響力をひろめていけたのであり、いきおい、森田派は舞台の前面から退いていく。だから、私のような最弱年のものにとって、森田は過去のひとと映っていた。

しかし森田なる人物がブントの指導部に消しがたい印象を残していたことは明らかであった。

とくに大衆運動が収拾のつかないような段階に入ったときとか、指導部の人間関係において感情のもつれが激しくなったときなど、「森田ならどうするだろうか」といった類の会話がなされるのであった。そのような言葉を発するのは五六年入学組に多かったように思う。

つまり、その年の砂川基地反対闘争で英雄になった森田の姿が彼らの眼に焼きついていたのであり、度胸、執念、策略といったような現実主義的の問題にぶつかるたび、五六年から五八年にかけて森田が示してみせた活動類型および人間類型がひとつのモデルとして思い起こされたのであろう。森田的なる振舞が、左翼過激派における現実主義の系譜となって、ブントのうちに持続していたわけである。

私が森田とはじめて対面したのは、ずいぶん後になって、一九七〇年のことである。大きな体格、柔和な笑顔、低い物腰、深い艶のある声、しかしほとんど笑うことのない眼、そういったところが彼の肉体的の特徴であろうか。彼は『経済セミナー』という雑誌の編集長として私の前に現れた。私の方は、三一歳にもなるというのに、二人の幼児をかかえてアルバイト生活というていたらくでいた。ただ、文章というものを書いてみたいな、という漠たる思いはあったようだ。しかし、双方のあいだで執筆の話は私の怠惰ゆえにまとまらず、やったことはといえば、酒を酌み交したこと、そして麻雀などやったことのない私が、臆面もなく、その道の玄人はだしといってよい森田の相手を何度もやったことぐらいである。

あるとき私は大負けをして、森田がいうに「なんでもいいから経済セミナーに三、四〇枚書いてくれ、原稿料は俺がもらう」ということである。私はいつもの癖で、逆手にでて、しごく大まじめに書き、彼にみせた。彼は読みすすむうち、私のまじめな書きっぷりに感心してくれて、数日後、彼個人の支出でカラー・テレビを送ってくれた。私は、それまでの付合でもそう思っていたのだが、森田における浪花節的の心配りに、ブントでの噂と異質のものをつよく感じた。つまり森田はどこにいても策略を駆使するうえで稀な水準の力量を発揮するのだが、そこには、いつもひとの心を和ませずにはいない好人物ぶりがみえかくれしているのである。

森田は一九五二年に東大に入学している。出身の伊東市には東大新人会の流れをくむものがいて、その影響もあってのことか、森田は中学生のころからマルクス主義関係の書物を読んでいたとのことである。共産党の軍事方針のテキストである『球根栽培法』やラムネ爆弾の製造法を書いた『栄養分析表』が寮食堂で売られているという状況のなか、その年末に彼は入党する。「祖国と学問のために』という新聞を売りさばくにあたっての抜群の能力が認められ、翌年にははや都学連へ出ていく。内灘や浅間山の軍事基地反対の闘争をやりながら、伊藤律の除名や神山茂夫分派の摘発といった組織問題が顕在化してくるのを森田はみつめていた。

翌五四年は、それがいわゆる「総点検運動」となって共産党をかけめぐる。東大文学部の地下にあった全学連および都学連の書記局でも査問が頻発した。時間にルースだ、金遣いがあらい、女性関係がだらしないといったような個人的問題をめぐって開始されるスパイ摘発合戦にどう耐えたのか、森田は多くを語らないが、ともかく彼はこの隠微な相克をやりすごしたらしい。それでも秋に、あのタフな森田が胃潰瘍になって三カ月のあいだ入院したということであるから、相当に神経を消耗させる事態であったようだ。

翌年には東大にもどるが、そこでも森田弾劾の声があがる。なんとかそれも退け、工学部の実習で常磐炭鉱にいっていた七月、六全協が開かれ、党中央が内部分裂と極左方針を自己批判する。つづいて開催された都細胞代表者会議では森田は克明なメモをとり、それを東大にもちかえって報告した。

六全協ショックが波をうってひろがっているあいだに、彼は新聞・雑誌をよみあさり、国内の政治情勢の焦点がどこにあるかを探った。そして小選挙区制、教育三法そして核実験に反対するという行動方針を打ち出す。一九五六年の春には、島と森田が中心になって全学連が再建され、その秋には砂川闘争へと突入していくのである。

こうした過程を眺めているうちに浮んでくるのは、森田という人間の明るく機敏な行動力である。すでにみたように、彼は中学のときからマルクス的の文献にふれているのではあるが、その種の早熟な人間にありがちの陰謀家めいた小賢しさが彼にはみじんもない。森田は大学に入るまで民青経験をもっていないのであって、父親の大工仕事や母親の百姓仕事を助ける勉強好きの野球少年、それが彼の少年像である。

実際彼は、大学入学の直後に東大野球部から勧誘され、それに気をよくして神宮に野球の応援をしにいったのだという。ところが、そこでなけなしの財産である五千円をすられ、あちこち頭を下げてまわるが誰も金を貸してくれず、それで「社会というものに頭にきて、学生デモに衝動的に参加したんだが、体がでかいというのも考えもんで、雨の中で警官を投げとばしたりしているうち、こぶはできるわ、打身だらけになるわ、たっぷり刺激をうけ、そのまま左翼路線にまっしぐらさ」。中支で九歳年上の長兄が戦死し、それを切掛にして母親が病床につくのをみていた、というような少年時代から徐々に蓄積されていた反戦感情が、一挙に爆発したのであろう。

森田はその高い政治手腕のために策謀家とみなされることが多いのだが、それは掛値なしにいって、低い政治手腕しかもたぬ人間たちにありがちの嫉妬まじりの恐れからくるものである。私のみた森田には、しばしばびっくりさせられるような、ナイーヴァティがある。島成郎も「森田というのは、人が悪そうにみえるけど、本当は人のいい奴で、自分から戦争を仕掛けたことがない」といっている。星宮煥生も認めている、「森田君には浪花節的な面があって、いつも相手の気をくもうとしていた。後の世代からみると、オポチュニストで妥協的と映ったらしいがね え」。

こんな森田がブント形成の途中で〝悪い奴〟として排除されていく。もっとも森田自身によれば「〝悪党〟とみられたため、その後悪いことができなくなってしまい、身を守ることができたという意味で、今は、このことについて感謝しなければいけないのかもしれません」(『戦後左翼の秘密』)ということであるが。

森田の手腕が最高度に示されたのは砂川闘争であった。そのころ私は北海道の高校生であったから、臨場感はないのだが、ともかく森田の辣腕は旧左翼の政治プロをも驚かすものであったらしい。ほとんど個人プレーのようにして、学生を砂川に送りこみ、そのつど発生する混乱を新たな煽動の材料にして、結局、砂川は森田の勝利に終り、本人いわく「笑い話だが、ぼくはプロ野球の優勝監督のように、胴上げされた」のである。しかしそのために、共産党中央と結びついた高野秀夫全学連書記長らが闇討ちのようにして森田を平和部長から解任しようとする。

そのいがみ合いは、今でも語り草になっているほどの、当時の表現でいえば、ムサイもののようであった。それに勝ち抜いた森田には、次に革共同関西派からの追い落しがかけられ、「〝森田は国家権力のスパイだ〟とか〝右翼とつながっている〟などとひどいデマが全国でとばされたり」という状況になる。さらに「東大的体質（観念的で衒学的な事大主義的体質）にこり固った東大細胞の指導部から嫌われ」たこともあって、「〝オレの立場は落ち目の三度笠だよ〟などと冗談を言う」ほかない破目に陥っていく。

しかしそれでも森田の頑張りはつづいて、一九五八年の六月は共産党本部に全学連執行部をひきつれて押しかけ、「共産党中央委員全員の罷免決議」などという〝暴挙〟をやらかして、共産党から除名される。除名の後も、夏の勤評闘争、秋の警職法闘争というふうに、彼のアジとオルグは、一種、壮絶の度合をつよめて継続される。

だが、トロツキズムの観念が脹らむ転換期にあって、森田のような実権派は不要である。一二月一〇日のブント結成に名をつらねはするものの、冷や飯を喰わされるのはもう眼にみえている。

翌年一一月二七日の国会突入事件で、大衆運動家としての稀代の力量の最後の片鱗をみせて、彼の八年間におよぶ確執と煽動は終止を迎える。ブントも脱退し、森田はまったく敗残の将となって私たちの前からいなくなった。その後の半年間も、島や唐牛や清水の要請に応じてブントの相談役めいたこともやったらしいが、それは森田の獅子吼の単なる残響のようなものであろう。

ブントが組織の全力を注いで、そして解体した六〇年安保に森田は参加しなかった。しかしそのときのブントには、みるべき思想も理論ももうなくなっていたのである。ひたすら過激な大衆行動によってみずからの存在証明をしてみせるのだけが唯一残された途であった。それは、あえていいきれば、森田のたどったのと同じ行程であった。というより、森田ならばその無類の現実感覚によってより巧みにやったかもしれないことを、ブントは、浪漫の風に吹かれて、より稚拙にやっただけというべきかもしれない。

そのおかげでブントの解体も早まったのであるから、結果はよかったのであるが、ブント中央が口をひらけば〝国会突入〟や〝首相官邸突入〟を叫んでいるのが私には愚かにみえた。もちろん、ブントの存在意義が〝突入主義〟を実践するという漫画的の一点に縮退していたのは明らかであったから、私とて突入の方針を支持することもあった。しかし、場所かまわず時期かまわずの突入主義が阿呆らしく思われたことも少くなかったのである。とくに一九五九年一二月一〇日、六〇年六月一八日、諸情勢がまったく不可能と教えているのに、なぜブントは突入を叫んだのか、私には異常心理の臭いすら感じられた。そんなとき、私はひそかに現実主義の系譜を探していたように思う。後になって知ったのだが、その系譜を代表すべき森田は、いわば幻像だけを残したまま、ブントから排除されていたわけである。

実のところ、私は当時の森田を知らないし、後年の彼についても私の知っているのは限られた側面だけである。したがって、私のいう現実主義者としての森田は仮説的の存在なのだといってもよい。つまり、理想主義者の代表として島がいるのならばその逆もいなければ収まりがつかないということである。この点で、ブントは平衡を失していたといわなければならない。

平衡喪失のゆえに独得の組織たりえていたのであるから、それはそれでよいのだが、せめて自分らの過去がそうしたものにすぎなかったのだということを元同盟員にはわかってもらいたいと思う。もちろん、私の現に付合っている人々の多くはそれを理解しているのだが、〝されどわれらが日々〟といったような自己弁護にひたるものも少くないのである。そういう安易な自己正当化を許さないもの、それが森田という存在である。

アジやオルグにおける技能のことをいうのではない。現実というものにあそこまで取組んだ人間に特有の、現実に教えられようとする素直な態度が貴重だといいたいのである。次のような森田の平凡な発言をあっさりと承認できるかどうか、それが平衡回復の第一歩である。

「思い起こせば、私の青少年期は〝餓えと欠乏〟の時代であった。敗戦直後、われわれは、食糧に飢え、人の善意に飢え、思想に飢えていた。私がマルクスの思想に出会ったのは、こういうときであった。飢えすぎていた私は、この思想が私の飢えや渇きを満たしてくれるものと考え、その思想の信者である共産党に飛び込んだ。そして数年間の血のにじむような生活を通じて得たものは、この思想は人類の真の幸福には役立たないという結論であった。いま自分の過去を振り返って悔いる気持ちはないけれど、率直にいって、当時の私はいささか軽率だったのである。もっとじっくりと冷静に理性的に対応すべきであった。友人の慫慂に乗って、マルクス主義の何たるかも十分に理解しないまま、運動の世界に飛び込んだことは、学問研究をめざす学徒としては、少し思慮不足であった。あくまで学問、知識を通じて、堅実な方法で長期的に社会に貢献する道を選ぶべきであった。しかし、これも私の運命だったのであろう」（『人生、七転び八起き』）。

私の場合は、「友人の慫慂に乗った」わけではなく、自分から飛びこんだのであるが、森田の反省の弁はそのとおりと思う。それを「悔いる」気持もないし、それが「運命」だったとも思うが、自分のやったことは「軽率」な馬鹿騒ぎだったと思う。

ただし、ひとつだけ森田のいうことに不満がある。軽率な馬鹿騒ぎの要素はこれからも運命のようにとりついて離れないだろうと私は覚悟している。それを匡正するに足る「理性」も自分のうちにはないだろうと覚悟している。その意味で浪漫は、あるいは理想は、それが私の宿痾なのかもしれないが、ずっと私のうちに巣喰うと思う。つまり私の人生にたいする見晴らしにおいては、少し大仰にいうと、理想主義と現実主義というふたつの急峻のあいだをはしる尾根のうえを、いかに平衡を保って渡り切るかという問題が重要なのである。

この見方に立つと、われらの公式かつ顕在的の指導者であった島と、非公式かつ潜在的の指導者であった森田のふたりは、ブントという名の小さな聖家族のかかえた二律背反を象徴する双頭の鷲だということになるわけである。むろん、左翼であったことそれ自体が、右翼を欠いている以上、すでに平衡を失した状態である。だから、あの聖家族は実に愚かしい集団なのであった。しかし、そこにおいてすら、人生の物語および集団の歴史における平衡感覚の問題が、たとえ歪められたかたちにおいてであるにせよ、胚胎していたといわざるをえないのである。

森田は、今、政治評論家として執筆や講演に忙しそうである。鍋山貞親論を書いていることかことからもわかるように、彼の関心は左翼批判にむけられている。軽率な読者はそれをありきたりの〝転向〟のもうひとつの例として数え挙げるのであろう。しかし私はそうは考えない。彼は、自分の来歴を抹殺したり誤魔化したり美化したりする左翼出身の言論人が多いなかで、珍しく自己を語りつづけている。自己を曝すのも病理だが自己を隠すのも病理だということを弁えて、森田はそうしているのである。

島成郎についてもそうであったように、森田についても、七歳年上の人間の人生をその襞に分け入ってまで描写する力は私にはないし、本人も多くを語ろうとしない。ただ私は、ブントの流れの先端に位置しているものとして、その淵源に遡及してみたかったのである。

（本章は西部邁氏が、一九八六年に出版した『六〇年安保 センチメンタル・ジャーニー』（文春学芸ライブラリー）において森田実氏について評論した「第五章」である）

【解説】「善良な策略家　森田実」――藤井　聡

西部邁氏の学生運動時代・学者時代・評論家時代

森田実氏に対する西部邁氏によるこの人物評は、一九八六年に西部氏が出版した著書『六〇年安保　センチメンタル・ジャーニー』（以下、『センチメンタル・ジャーニー』と呼称）の第五章「善良な策略家――森田実」である。

この章を本書に繰り入れんと考えたのは、おおよそ次のような理由による。

まず、西部氏の思想・言論活動を仮に、

- ●ブントにおける東大自治会委員長であった「学生運動時代」、
- ●横浜国立大学や東京大学の大学教員として活躍した「学者時代」、
- ●雑誌『表現者』の編集長等を軸とした言論活動を展開した「評論家時代」

の三つに大きく分けるとすると、第一章の森田・藤井対談の内容は、「学者時代」と「評論家時代」の西部氏について語り合うものであった。なぜなら、筆者は主として評論家時代の西部氏と時間を多く過ごし、森田氏は主として学者時代の西部氏と多くの時間を過ごしてきたからだ。ところが、「学生運動時代」には、筆者はもちろんのこと、森田氏も「ニアミス」ですれ違っているだけで、共にその運動を共にしていたわけではなかった。

そんな中、西部氏が学生運動時代を振り返った『センチメンタル・ジャーニー』は、筆者と森田氏ではカバーしきれない学生運動時代の西部氏を窺い知る貴重な資料となっているわけである。しかも本原稿は、その西部氏の学生運動時代が森田氏の影響を陰に陽に大きく受けている事を示すものともなっている。

したがって、筆者と森田氏とで西部氏の〝三つの時代〟を網羅的に振り返り、より立体的に西部氏の思想と実践を描写するにあたって本稿は、先の対談に付け加えるべき原稿として何よりも相応しいものとなっているわけである。

以下、この原稿を中心に『センチメンタル・ジャーニー』を手がかりとしつつ、西部氏の「学生運動時代」を振り返ってみることにしよう。

戦後日本人の激烈なる対米コンプレックスと六〇年安保

西部氏の東京大学入学年は一九五八年。入学したその年の一二月には共産主義者同盟（ブント）

に入り、その翌年から東大自治会委員長、さらには全学連（全日本学生自治会総連合）の中央執行委員長も務め、六〇年安保闘争（以下、六〇年安保）に参加することになる。『センチメンタル・ジャーニー』は、その六〇年安保を振り返り、共に戦った数々の盟友達を一人ずつ論評するものである。そこで取り上げられているのは、唐牛健太郎、篠田邦雄、東原《とうはら》吉伸、島成郎、長崎浩そして、本書の著者森田実の六名である。

六〇年安保とは、一九五一年にサンフランシスコ講和条約とともに締結された日米安全保障条約についての政府がアメリカと進める「改定」案に対する国民的反対運動である。最終的に、反対の甲斐なく国会において単独過半数を占める与党・自民党によって〝強行採決〟がなされ、安保条約は改定されるに至るのだが、西部氏は『センチメンタル・ジャーニー』を通して、この反対運動が一体何であったのかを回想している。

氏はまずこの六〇年安保を「私が大人になるためのイニシエーション」であったと回顧する。そして、〝鬼畜〟と罵倒しつつ国家の命運をかけて戦ったアメリカに敗れ、支配され、戦時体制の全てが解体された上で、形ばかりの独立＝主権回復を果たし、戦前戦時思想とは正反対の〝平和〟〝ヒューマニズム〟〝民主主義〟といったアメリカ製の魔語に思想的に支配された戦後日本人の、激烈な対米コンプレックスの一つの発露として六〇年安保を捉える。この激烈な対米コンプレックスに対して我々日本人は如何に対峙し、乗り越えるべきなのか――これこそ、今を生きる私たちを含めたあらゆる〝戦後日本人〟が逃れ得ない深刻かつ最も重大な課題である。にも関わらず、終戦直後から六〇年代、七〇年代、さらには昭和から平成、令和へと時代を経るにしたがって、この深刻な課題を課題として捉える認識も実践も蒸発し続け、今やもうあらかた喪失され、我々日本人の潜在意識にさながらコンクリートで塗り固められたように堅く沈埋してしまっているのが我が国日本の実情だ。

西部氏は六〇年安保当時、この対米コンプレックスをそのままお座なりにすることそれ自体に、森田氏をはじめとした朋友達と共に徹底的に反発してみせたのである。当時の西部氏は、「その対米コンプレックスが如何なるものであるのかを正確に診断し、描写することはできないもののアメリカに対して確かに反発していた国民的センティメント（情念）があらかた蒸発仕切ってしまった八六年」という時代に、改めてその六〇年安保闘争の構図を可能な限り的確に描写せんとしたのである。それが、『センチメンタル・ジャーニー』の出版であった。

西部氏が森田氏の内に観た「善良さ」の真の価値

西部氏は、そんな『センチメンタル・ジャーニー』の、主要運動家の一人として、森田実氏を取り上げる。七つ年上の森田氏は、西部氏がブントに入った時にはほぼブントそれ自身に出入りすることがなくなっており、したがって直接、その六〇年安保で共闘した時間は全くなかったという。しかしブントの設立、そして全学連の再建にあたって森田氏が極めて重大な中心的役割を担った事は万人が認識する公知の事実であった。西部氏はその事実を踏まえ、「ブント……の淵源に遡及してみたかった」からこそ、森田氏を、〝表〟の指導者・島成郎氏に並び称すべき〝陰〟の指導者と捉えつつ取り上げたのである。
西部氏は森田氏を「善良な策略家」と呼称する。そして当時の森田氏を次の様に回顧している。

こうした過程を眺めているうちに浮んでくるのは、森田という人間の明るく機敏な行動力である。すでにみたように、彼は中学のときからマルクスの文献にふれているのではあるが、その種の早熟な人間にありがちの陰謀家めいた小賢しさが彼にはみじんもない。森田は大学に入るまで民青経験をもっていないのであって、父親の大工仕事や母親の百姓仕事を助ける勉強好きの野球少年、それが彼の少年像である。……私のみた森田には、しばしばびっくりさせられるような、ナイーヴァティがある。島成郎も「森田というのは、人が悪そうにみえるけど、本当は人のいい奴で、自分から戦争を仕掛けたことがない」といっている。星宮煥生も認めている、「森田君には浪花節的な面があって、いつも相手の気をくもうとしていた。後の世代からみると、オポチュニストで妥協的と映ったらしいがねえ」。

そんな〝善良〟さこそ森田氏に、日本人の精神の内に渦巻く対米コンプレックスをお座なりにさせなかった根源的理由である。つまり森田氏は彼の純粋なる〝善良〟さ故に、その対米コンプレックスを真正面から超克せんと努め、日本の国益を無視した米軍基地整備に徹底的に抵抗してみせる「砂川闘争」に、その身を投ずることとなったのである。西部氏は次の様に振り返る。

森田の手腕が最高度に示されたのは砂川闘争であった。そのころ私は北海道の高校生であったから、臨場感はないのだが、ともかく森田の辣腕は旧左翼の政治プロをも驚かすものであったらしい。ほとんど個人プレーのようにして、学生を砂川に送りこみ、そのつど発生する混乱を新たな煽動の材料にして、結局、砂川は森田の勝利に終り、本人いわく「笑い話だが、ぼくはプロ野球の優勝監督のように、胴上げされた」のである。

言うまでもなく、人が何らかの目的に対して徹底的に策略的・戦略的に振る舞うには、その人物の聡明さ、明晰さが尋常ならざる水準にあることが必須の条件であることは当然として、それ以上に重要なのは、その目標を達成せねばならぬと願うその祈りの強さだ。そうである以上、森田氏の砂川闘争を成功に導いたのは、アメリカの支配、隷属から完全に脱却し、日本がなすべきことを日本が判断し、決定し、実現していくことができる「真の日本の独立」を願う祈りの強さをおいて他にないのである。すなわち、森田氏の〝善良さ〟こそが、森田氏の類い稀なる策略性・戦略性を生み出したのである。

西部氏は、この原稿の中で、必ずしも森田氏の善良さと戦略性の高さを繋げて論じているわけではない。しかし、筆者（藤井）にとって、西部氏も森田氏に負けず劣らぬ〝善良さ〟を持ち合わせた人物である。そして、同じく森田氏に負けず劣らぬ〝策略性・戦略性〟を持ち合わせた人物であることもまた間違いない。西部氏の内に善良さなかりせば、氏の学生運動参加も東大辞任もビジネス度外視の言論誌創刊など全てあり得なかっただろう。そしてそれと同時に、西部氏の戦略性が不在であれば、投票用紙の偽造に基づく東大自治会委員長就任も、一世を風靡し、筆者を含めた実に多くの若者に決定的な影響を与えた『朝まで生テレビ！』をはじめとしたＴＶメディアへの露出も全てあり得なかった筈である。

その意味において、西部氏は森田氏を取り上げつつ、自らが信ずる善良さの崇高なる価値の高さ、そして、その善良さに裏打ちされた戦略性の実践的価値の高さを改めて描写したかったのではないか。つまり西部氏は、七つ年上の先輩である森田氏の精神の内に、自らの精神の形や色やにおいと同じものを感じ取っていたのではないかと、思う。

理想主義と現実主義の平衡

しかし、そんな森田氏に対して、西部氏は一言だけ苦言を呈している。この苦言とは一体何なのかを振り返ることこそ、森田氏という鏡を通して西部氏を映し出したときに浮かび上がる、西部氏とは何かを探る重要な鍵となっているように思う。

西部氏はまず、森田氏が当時の学生運動について（著書で）記した次の様な〝反省の弁〟を紹介している。

率直にいって、当時の私はいささか軽率だったのである。もっとじっくりと冷静に理性的に対応すべきであった。友人の慫慂《しょうよう》に乗って、マルクス主義の何たるかも十分に理解しないまま、運動の世界に飛び込んだことは、学問研究をめざす学徒としては、少し思慮不足であった。あくまで学問、知識を通じて、堅実な方法で長期的に社会に貢献する道を選ぶべきであった。

西部氏はこの言葉にまず、全面的に賛成してみせる。しかしその上で、次の様な批判を附記している。

森田の反省の弁はそのとおりと思う……ただし、ひとつだけ森田のいうことに不満がある。軽率な馬鹿騒ぎの要素はこれからも運命のようにとりついて離れないだろうと私は覚悟している。それを匡正《きょうせい》するに足る「理性」も自分のうちにはないだろうと覚悟している。その意味で浪漫は、あるいは理想は、それが私の宿痾なのかもしれないが、ずっと私のうちに巣喰うと思う。つまり私の人生にたいする見晴らしにおいては、少し大仰にいうと、理想主義と現実主義というふたつの急峻のあいだをはしる尾根のうえを、いかに平衡を保って渡り切るかという問題が重要なのである。

つまり西部氏は、「堅実な方法で長期的に社会に貢献する道を選ぶべきであった」という森田氏の反省の弁、ならびに学生運動以後のその言葉を踏まえた森田氏の現実の振る舞い全体が「現実主義に過ぎる」のであり「理想主義が足りぬ」と認識し、理想主義と現実主義のバランスを失調しているのではないかと指摘してみせたのである。

果たして、神の視座から観たとき、森田氏がその平衡を実際に失調していたのか、そして、西部氏のその平衡は如何なるものであったのか——言うまでもなく、筆者にそれを断ずる能力はない。しかし森田氏がその平行を実際に失調していたわけでは「ない」という可能性を、森田氏と同様に様々な実践活動を展開してきた一人の後進の身としての筆者ははっきりと感ずることができる。したがって、筆者は西部氏のその指摘を完全には否定し得ぬと同時に、完全に肯定もし得ぬのである。

ただしもちろん、西部氏がそう断じたようにここで重要なのは「いかに平衡を保って渡り切るかという問題」である、ということだけは間違いない。だからそれは我々が生きている限り問題であり続ける。我々は常に、自らの平衡の度について、そして時に他者におけるその平衡の度について批判的に解釈し内省し、反省し続ける態度を持ち続けることが必要なのである。

そして、その解釈と内省、反省の精度を決するのはその人物の〝善良さ〟なのであり、その精度の高さの帰結としてもたらされるのが実効性ある高度な〝策略〟である。そうである以上、西部氏によるこの森田氏の批評文『善良な策略家』は、両巨頭の精神の〝善良さ〟とその実践における〝策略性〟の高さを知る上で極めて貴重な資料となっている。

すなわち両巨頭はお互いの誇りをかけ、自らが持つあらん限りの〝善良さ〟と〝戦略性〟を賭し、理想と現実の狭間の平衡を保たんと命の限り真剣に歩み続けたのであり、その一局面が、この西部氏による森田氏の批評であり批判であったのである。

（ふじい　さとし）

第三章　【対談】政治評論家 森田実、「我が人生」を語る　森田実×西部邁

「東京MX」テレビ「西部邁ゼミナール」二〇一五年五月／放送

第一週（二〇一五年五月一〇日）

西部邁という大秀才がいる！

〔小林麻子〕　今日は当番組では初めて、政治評論の大家・森田実先生のご登場です。

西部先生のお話によると、森田先生はどんな政治党派にも偏らず、公平な立場から事実に則してわかりやすい政治評論をなさって著名とのことです。

ただし、今回は政治の現状に関する評論ではなく、そもそも森田実なる人物はいかなる人格の持ち主であるか、それを視聴者に伝えたいとの趣旨で、「森田実、人生を語る」と題させていただきました。

【森田】　ありがとうございます。ご紹介、恐縮です。

〔小林〕　森田先生、初めまして。森田先生は、いわゆる「左翼・過激派」の学生運動にあって、西部先生の大先輩ということで伺っております。

【森田】　昭和二七（一九五二）年に大学（東京大学工学部）に入って、すぐ左翼の運動に突入しました。そして、普通は大学は四年ですが、僕は六年やって、それで押し出されまして……。

〔小林〕　はい。

【森田】　卒業してすでに学生でもないのに少し学生運動をやりました。それで入れ替わりの昭和三三年に西部さんが東大に入ってきたわけです。

【小林】はい。

【森田】当時、僕と一緒に活動をやってきた島成郎《しましげお》（一九三一～二〇〇〇）というブント（共産主義者同盟）の書記長、いわば親玉で、それから唐牛健太郎《かろうじけんたろう》（一九三七～一九八四）という全学連の委員長がいました。そういう学生運動界における代表的な、ある意味で英雄視されているような人間がいました。彼らと会っていると、しばしば、「西部、西部」と名前が出てくるんです。

【小林】西部先生は、学生運動の皆さんの中で有名だったんですね。

【森田】それで、「とにかく、すごく頭のいい奴だ」と、彼らが口々に言っているんですよ。だから、僕は西部さんに会う前から、名前をよく知っていたわけです。

【小林】まぁ。そんなご縁だったんですか。

【森田】それから当時、東大でね、我々の間で優秀な学者として注目されていた内田忠夫さんという経済学者、それから国際政治学者の衛藤瀋吉さんという人がいました。この人たちが、駒場の学問的なリーダー格でした。あるとき、私に「会いたい」ということで会いました。すると、「西部邁という大秀才がいる」と、彼らが熱く語るんです。

【小林】おぉ！　西部先生すごい！

【森田】「西部はものすごい秀才なんだけれども、学生運動をやり過ぎて、それでかなり長い間、塀の中に入っていたりしていた……」と。

【西部】　フ、フ（笑）。

【森田】　それで、その駒場を代表する大学者たちが口を揃えて「一つ、西部を応援してくれないか」と言うんです。彼らが口々に大秀才と言う。東大には優秀な人は多いけれども、そういうのは滅多に聞く話じゃないんです。

〔小林〕　へぇ〜。

【森田】　学者は、滅多に他人を褒めませんから。他人への能力評価は厳しいですからね。それなのに「西部は大秀才だ」と手放しで褒める。

〔小林〕　すごいことなんですね。

【森田】　西部さんに会ってみると、彼らの言う通りだと私も思って、私が編集長だった『経済セミナー』に連載してもらうことになった。いい原稿でしてね。しばらくすると、その雑誌連載が中央公論から単行本として出版され、それが吉野作造賞をとって、瞬く間に、天下の西部邁になっちゃったんですよ。

『経済倫理学序説』（一九八三年）は、西部さんの力作で名著だと思います。近年、この名著が文庫として復刊されました。それにあたり佐伯啓思氏の寄せた文章はこちらです。絶賛ですが、褒めすぎじゃない。誰が見ても優れた著作です。

本書が出版されたのはまさにこの宴が始まったころであった。一九八三年である。そして、本書は吉野作造賞を受賞していることからもわかるように、当時の知的世界に衝撃を与え、高く評価され、多くの読者を得たのであった。「高く評価された、それがどうしたというのだ」「多くの読者を得た、それが何の意味があるのだ」とたぶん著者はいうであろう。なぜなら、この書物を歓迎した知識層でさえも、著者にとってはうさんくささの対象であったに違いないからである。（中略）

だから、当時、大学院を終えて適当な場所に職を得、かけだしの学者になっていたわれわれは、西部邁氏の『経済倫理学序説』を何の違和感もなく受け取った。経済学といえども決して中立的で中性的な科学ではなく、哲学や思想や文明論と切り離せないというわれわれの信条からすれば、この書物は、当然、書かれるべくして書かれたものであった。いや、そのような言い方は適当でなかろう。本書は、書くべき人の手によって書かれた名著であった。

（『経済倫理学序説』中公文庫版・二〇一四年・佐伯啓思解説「『保守思想』の扉を開いた名著」より引用）

【小林】すっ、すごいですねっ、西部先生。

森田実ならばどうするだろうか

【西部】ちょっと途中で悪いんだけど、今の話聞いてたら、頭が痛くなってきたんで帽子を被らせてやらせていただきます（笑）。実は麻子さんね、視聴者の皆さん。

『小林』はい。

【西部】僕は昭和三三年、一九五八年に大学（東大）に来たんですけど、もう既にその頃はね、森田さんは大学運動の「雲上人」……、雲の上の人でね、僕らと一緒に運動をやっている二つ三つ上の先輩は、何かあると、よく言っていました。「森田実ならどうするだろうか……」ってね。

『小林』う〜ん。そうですか。

【西部】つまり、実践家としてね、人の予想もつかないことを考えつくのが森田実だ。こんなこと言ったら大変な悪党のようにも聞こえますけどもね（笑）。人の想像のつかない戦略・戦術を捻り出してきて、結果として万余の群衆・大衆を動かしてみせるというのが、森田実という人なんだと。

『小林』なるほど……。

【西部】それでね、物事の裏も斜めも全部読んだ上でやるというね、そういう能力を森田さんから数年後輩の人たち、つまり僕らの先輩にあたる者たちが「持たない」ものだから、いつも、「森田実ならばどうするだろうか」というのがね、一つのテキストになっていたんだね。それで僕は、森田さんに実際に会う前から、「森田」なる人物の名前を早くから知っていた。

『小林』へぇ〜。お二人ともお会いになる前から互いにご存じだったんですね。

【西部】実際にお会いしたのは、学生運動が終わってから。僕も森田さんも違った理由でしょうけどね、学生運動から離れたのは。まぁ簡単に言っちゃうと「左翼運動はくだらない！」という結論に達して（笑）、運動から姿を消す。何人かいたんですけど、きれいに姿を消してね、後腐れなく、ズルズルズルズルズル何か尾ひれをつけないで、スパッとそこで自分なりのピリオドを打った、一旦ね。そういう人物はほんの少数、何人かいるんですけど、森田さんは、そのうちのお一人でね。それが終わった後でお会いしたんです。

【小林】はぁ〜。

森田さんは麻雀の名人だった

【西部】もうちょっとよろしい？　でもね、その頃、森田さんもいろんな人生がおありだったのでしょう、いろんな才能おありですからね……。博打（麻雀）の才能もすごいんですよ！　貧乏人からすればね、大量の金銭をいわば上納することになるんですよ。上納って言わないね、博打の負けだから。それでね、やっぱり博打の負けは本当に人の命より大事で返さなきゃならない。

【小林】はい。

【西部】それで返しにいって、その時にね、負け金を払うから、原稿料が一銭も残らない。森田さんは『経済セミナー』（日本評論社）の編集長をなさっていたんで、まるでそこに原稿を献上するような形でした。全ては博打（麻雀）からはじまった。

【小林】ウフフ（笑）

【森田】　あのね、西部さんにはね、いいと言ったんだけど、彼はね「意地でも返す」と。
〔小林〕　アハハ（笑）
【森田】　そんなこともありましたね（笑）。西部さんは、いつも負けるんだけれども、とにかく麻雀が大好きでした。

西部さんは「数学の罠」に囚われなかった

【森田】　ただ、これ非常に重要なことなんですが、西部さんが東大の教授になって、経済学者として活動しはじめてから、西部さんの活躍は凄かったですよ。というのは、僕は「経済セミナー」の編集長をやっていたから、多くの経済学者と付き合っていました。で、みんな、『細分化・専門化』の方向だった。これでね、足を掬われましたね、当時の経済学者たちは。
それからね、数学に頼ればなんとかなると思いこんだ。で、僕は自分で勝手に「数学の罠」と言っているんだけれど、その罠にハマって、いい経済学者になれなかったんだと思う。それと反対側の、そういう個別化だとか数学化だとかいうのはダメだという立場で、「経済は哲学なんだ。思想なんだ。社会思想なんだ」ということで、経済学から社会思想に移行して行った。そういう人は、その頃の東大経済学部出身者では西部さんだけなんですよ。
【西部】　つまりね、森田さんも僕も、他にも何人かいるんですけども、いわゆる政治的実践活動のまだ牧歌的な時代ですから、機関銃も爆弾もピストルもないような時代でした。あるのは子供の遊びと同じでね、まぁ石ころがあるというぐらいの時代だけれども、でもね、そういうこと、そういう実戦に関わっていると、いろんなことが見えるでしょう?
人間について言えば、大胆さとか卑怯さとかね。正義心とか臆病さとか。そういう人間の複雑な模様をね、数年間に渡っていろいろ見てしまうと、また、自分自身もそれに関わってしまうと、その『数学のような単純な形式ではね、表せないほど世の中は複雑怪奇』だということを、もう子供心に幼心に理解してしまう。そういう経緯で僕は、数学的アプローチをやめた。まぁそういうことなんだけどね。

【小林】はい。

「砂川闘争」をたった一人で率いた森田さん

【西部】それはいいとして、今日は森田さんの話ですよ。麻子さん知らないでしょう、「砂川事件」(一九五七年)、「砂川闘争」という言葉、知らないでしょう?

【小林】ええ。知りません。

【西部】視聴者も知らない人いるでしょうから……。(黒板を使って)ここに新宿があるとするでしょう、こういうふうに中央線が走っていて、ここに立川があります。ここに立川飛行場その他があって、米軍基地として、米軍に接収されたんですよ。ここ(新宿)に西武新宿線が走ってるでしょう、まぁこのあたりになるのかな、有名な駅名で言うと東村山ってあるでしょう、それでこれ（中央線）と繋いだとすると、今はモノレールでだいたい繋がっているんですけどね（多摩都市モノレール線）、このあたりにあるのが「砂川」という場所です。

その砂川というところに、米軍が基地を拡張しようとした時（現在は立川基地跡地）に、森田さんが先頭どころか、ほとんど一人で闘いを仕掛け始めたようです。仕掛けたという表現は悪いけれども、学生を組織して、そこ（砂川闘争）に動員して、それで警察の機動隊と衝突して、まぁ普通は流血の惨事と言われていたようですけども。僕はまだその頃は札幌にいたんですよ。

〖小林〗 はぁ〜。

【西部】 砂川闘争は、一九五六年が最初で、次の五七年もあったんですね。

【森田】 そうです。

【西部】 僕はその後の五八年大学入学ですから。札幌で砂川の熱気を新聞の片隅で感じてただけなんだけれど、これが、つまり簡単に言うと、アメリカに対して真正面から、筆の上じゃなくて体ごと、農民と一緒になって反対するという闘い。そういうことは忘れられてしまった。今から思うとあれですね、戦後七〇年で、結局アメリカに首根っこ捕まえられて、右行け左行けとしたい放題されてしまっている。

今もそうなんですよ。僕ね、安倍晋三内閣、晋三さん個人は消極的に応援しているものだけれども、でもしかし、安倍さんも含めてね、結局、アメリカの敷いたレールから外れられない。そういうことに対してかつてね、今から何年前になるのかなぁ……、五〇年以上前にね、本当に一握りの学生たちがそこへ突撃して行った。その最高指導者、リーダーは森田さんなんですよ。

【森田】 出発点は、戦後の出発点もそうなんですが、ポツダム宣言ですね。ポツダム宣言というのは、一三項目になっていて、それで、「降伏しなさい」という第一項からはじまり、「降伏したら、戦争犯罪人を追及しますよ」と。それで「民主主義的な制度を入れなさい」ということがずっと書かれているものです。

日本はかなり真面目にポツダム宣言の内容を実行したのですけれども、一二項目の中に、「日本が平和的で民主的な政府を作ったら占領軍は直ちに撤退する」という項目があるんです。だから、みんなそれを信じていました。ある時期がくれば占領軍は撤退すると。

ところが、サンフランシスコ講和条約の時に、国会でも議論されず、国民に何も知らされず、当時の吉田茂首相ですらも、国会で質問されて「知りません」と答えたほどのことだったのですが、「第一次日米安保条約」(一九五一年、講和条約と同日に締結)が突如として、サンフランシスコにて吉田茂さん一人がサインするという形で調印されて、サンフランシスコ講和条約と日米安保条約の両条約が締結されたという形で出てくるんです。ちょうどその時に、僕は高校生で、その後一年浪人して、そういう左翼運動をやってる時で、大学に入ったのは一九五二(昭和二七)年で、その年の四月二八日に日本が独立するわけですね、講和条約が発効して。

もうその時には、僕は、左翼運動に突入して、どんどん運動しているわけですが、講和条約と共に日米安保条約の第一次が締結された、それに基づいて行政協定(「日米行政協定」一九五二年・

日米安保条約第三条に基づく行政協定、安保改正の六〇年にはこれが「地位協定」に）が結ばれて、そして行政協定に基づいて、基地拡張になるわけです。アメリカはね、占領が終わった時に、沖縄とか岩国とか横須賀とか大きな基地は全部押さえたんですよ。で、それらは押さえてたんですが、もっと欲しくなってね、「立川基地は拡張しろ。それから、いろんなところの演習場を作れ」と、いろんなところで欲をかいたわけですよ。で、その欲をかいたところで、あの「反対運動」が起こった。

砂川闘争は、五五年から始まったんだけれども、労働組合と社会党は警官隊が出てきたら身を引いちゃったから、あの砂川町の農民そのもの、それから女性の人たちがね、警官隊と直接対決しちゃったんですね。

〔小林〕あぁ〜。それは悲劇ですね。

【森田】当初は、「学生は危ない」って言われて、敬遠されていた。こちらの力がなかったのだけれども。後に地元の皆さんから、「学生さんだったら私たちを守ってくれるんじゃないか」ということで、私に声がかかったんです。

【西部】あ〜、そうだったんですか。

【森田】青木市五郎[*1]さんという行動隊長と、青木さんと一緒にみえたのが清水幾太郎[*2]先生という、基地反対の進歩的文化人の代表的な人でした。著名な社会学者で優れた教育者でした。それから、高野実[*3]さんという、直前まで総評事務局長を務めていて、ある時期は「労働組合の天皇」とまで言われたほどの超実力者でね、今言論界で活躍しておられる高野孟《たかのはじめ》さんが息子さんです。

その三人がやってきてね、僕を引っ張っていって、それで、四ッ谷の蕎麦屋の二階で鰻をご馳走になりました。

【西部】そうですか（笑）

〔小林〕はぁ、ご馳走を。

【森田】当時の学生には、贅沢品ですよ、鰻は。まあ、口説かれてね。それで、特に清水幾太郎先生が、「森田君、立つべし！」と。それで僕は（東大の）卒業をやめてね、残ったんです、学生運動の中にね。清水先生がものすごいアジテーターなものだから。

【西部】確かに、清水さんは、ものすごかったねぇ〜。

【森田】ものすごかった。それで一緒にやろうと、参加したんです。その頃は、学生運動といったら激しい運動でした。というのは、昭和二六年に、まぁ中国の勧めがあって、その「極左冒険主義」というか、「武装闘争」と言っていました。竹槍作ったり、火炎瓶作ったりというそういうような運動に入っていってしまいました。

〔小林〕はい。

【森田】それでもう、ガチャガチャになって、東大の共産党の最後なんてのは二〇〇人ぐらいは

＊1 砂川闘争の第一行動隊長（一九〇〇〜一九八五）＊2 学習院大学教授、社会学者、評論家（一九〇七〜一九八八）＊3 労働運動家、日本労働組合総評事務局長（一九〇一〜一九七四）

いたんですけれど、会議をやっても数人しか集まらないんですよ。

【小林】はぁ～。

【森田】それで、全学連の本部なんかも作り直そうっていうんで、僕と島成郎と香山健一*4と、この三人であの『全学連本部』を作ったんですが、その三人の他に二、三人しかいないんですから。

【西部】ハハハ。

【森田】それでね、まぁ清水幾太郎先生から、声涙倶《せいるいとも》にくだる口説きを受けて、それで、青木市五郎っていうすごいオッサンから涙の説得を受けて。

【西部】あぁ～、そうだったんですか。

【森田】それじゃあ～、一つやろうじゃないかと。

【小林】「やろうじゃないか」ですね。

【森田】それで、バスを仕立て、東大の駒場、東大の本郷とか、早稲田とか中大、法政、明治など各大学を回って人を集めました。

【小林】はい。

【森田】そういうとこへ行って、バスに乗せては「砂川」に行って、それでその間に教育してね、それで結局は三〇〇〇人を集めてね、警察機動隊と激突したんですよ。

【小林】ええ。

【森田】それが、あの『流血の記録　砂川』の映画になりました。

【小林】 はい。

【西部】 ちょっと説明するとね、この（砂川闘争開始の）一九五五年というのはね、記録（映画）作ったりして、共産党が、ともかくもうやめたと。火炎瓶投げたりは。今度ね、逆に『歌声運動』で歌うたって人々集めようとする。でも両方とも何の意味もないと。それでしゅんとしちゃったのね、何にもしなくなっちゃったの。

それで、五五年によく「六全協（日本共産党第六回全国協議会・一九五五年）」っていうんだけど、第六回全国協議会、六全協って集まりをして、それで共産党がそれ以後は「国民に愛される共産党」という、いわば一般政党に変貌しようとした頃で、あまり過激な強い運動をしなくなった。その後の話（砂川闘争）なんです。

その時に、ある種、強い動きが出来るのは、森田さんを先頭とするほんの一握りの学生集団しかいなかったのね。そこで、彼らは（砂川闘争を）やり始めたわけさ。

【小林】 はぁ～。

【西部】 で、僕はなんとなくそんなことを感じながら、三年遅れで五八年に東京（大学）にやってきたという、まぁそういう経緯だったんだね。

【小林】 すごい。

＊4 全学連第二代委員長、学習院大学教授、政治学者（一九三三～一九九七）

共産党を追及して除名処分に

【森田】　まぁ～、表に出てないことですけれど、一九五五年の七月末に、第六回全国協議会という共産党の意思決定機関（六全協）が開かれて、極左冒険主義と党の分裂は間違いだったと。共産党というのは自己批判しない組織ですから、それが「自己批判した」もんですから、内部がガタガタになっちゃってね、僕は東大の共産党の最後の責任者だったから、会議を招集したんですよ。二〇〇人ぐらいいるはずなのに七～八〇人しか集まらない。それで、みんなに発言してもらったら、「共産党本部に騙された！」と。

【西部】　フフフフフ（笑）

【森田】　涙の演説が続いてね、それで、僕は一人泣かなかったもんだから、「森田の野郎なんだ!!」って追及されたりなんかしてね。

〘小林〙（笑）

【森田】　それでね、じゃあ～共産党本部に追及に行こうというんで、共産党の本部に行くと、野坂参三[*5]とか志田重男とか、そういういわば（左翼勢力の）「神様」みたいな位置にあった連中が本部にいるわけですよ。

それで、責任を追及すると逃げるんです。で、「なんだ卑しい奴らだ」ということもわかってね（笑）

【西部】　あっはっはっは（笑）

【森田】　それでね、追いかけたのだけども、翌年の三月頃までやってね、いくら追及しても、どうしようもない奴は追及のしがいがなくてね、大衆運動を起こそうというんで、大衆運動をやって、その時に、砂川の話が入ってきました。それで、米軍基地反対運動でやろうじゃないかと。

〔小林〕　へぇ～。

【森田】　その前に八ヶ月ぐらいでしたか、共産党を徹底的に追及しました。こいつらどうしようもないヤツらだと言って、私なんか共産党本部に行くと、顔パスで自由に通れるわけですよ。で、怒鳴りまくるわけです。「お前たちは何だ‼」って言ってね。そんな感じでした。

〔小林〕　へぇ～。

【西部】　すいません、小さい話だけどね、五五、五六、五七年、これ砂川ね。で、僕が大学に入ってきた五八年、後で知ったんだけど、この年の六月にね、僕は（大学に）入ってまだ二、三ヶ月……、森田さんを先頭にして、何十人かが共産党本部に押しかけてね、どっちが仕掛けたか、現場にいないから知らないんだけど、乱闘事件が起こって、普通で言うと「暴力事件」だよね。

〔小林〕　（笑）

【西部】　それで皆さんね、乱闘事件の責任を取らされて、共産党の最左派であった森田さんご一統がほぼ全員、共産党から処分、切り離されるということがありました。要するにパージ（追

＊5　コミンテルン日本代表、日本共産党第一書記（一八九二～一九九三）

放）されるということが起こって、この五八年の末に、先ほど「ブント（共産主義者同盟、一九五八年結成）」という言い方しかしなかったけど、ブントというのはドイツ語で「同盟」という意味でね、「共産主義者同盟」なる、言ってみれば、まぁ僕に言わせれば「八百長組織」だな。それを俄かづくりに作らざるを得なくなったけど、既にその頃は、森田さんはちょっと組織とは距離を置いていましたね。

僕は森田さんと……、僕は何が何でも、ともかく、暴れるつもりで東京に来たもんだから（笑）

〘小林〙 アハハハハ（笑）。

【西部】 何にでも一番暴れられるグループにいて……でも、その時はもう森田さんには会えずじまい。実際に会ったのは、全てが終わって、随分、何年も経ってからの話なんですけどね。

いずれにしても、「森田実」の名前はずーっと続いてましたね。「あいつならどうするだろうか。今、森田実がいれば……」と。ある種の判断力と行動力と、言ってみれば、達人としてのね、森田さんは、そういう存在だったんです。

【森田】 野坂参三とか志田重男だとかを我々がバンバン叩いているうちにですね、宮本顕治が共産党内でムクムクと出てきて、それで共産党本部の実権をとっちゃうんですよ。

【西部】 おぉ〜そうか。そうでしたね。

【森田】 それで、宮本顕治だけは負けず嫌いで、（拳を）やり合うわけですよ。それで、やり合ってるうちにね、西部さんが先ほど言った共産党から追放騒動が起こって、事件の責任者として、僕と香山健一と、それから一高時代から暴れ人間として有名だった野矢鉄夫ってのがいたんですよ。

【西部】あぁ～、いましたねぇ。

【森田】その三人が、共産党を除名処分となって、それで、島成郎は一年間の活動停止処分だったと思います。

【西部】へぇ～。

【森田】何段階かに分かれて、共産党本部に首切られて。それで、僕は晴れて共産党から自由になるわけです。「赤旗」一面で「共産党除名」が報じられました。

【小林】はい。

【森田】それで、学生運動は、共産党の最大の舞台ですから、これを共産党から切り離してしまえば宮本顕治に一矢報いられるというんで、それで学生運動を共産党から離しちゃったんです。当時、「東大の共産党員」というのは本郷に二〇〇人ぐらい、駒場に一五〇人ぐらいいたんです。

【小林】はい。

【森田】で、解散になるわけです、組織そのものが。だから解散になっちゃうから、一人一人が名前を挙げて除名されないから、共産党に在籍していたという経歴があると、あの頃はアメリカが入れてくれなかった、入国拒否なんですよ。

【西部】そうそう、そうだった。

【森田】だけど、解散になっちゃったから、共産党員だったという経歴が消えちゃったんで、みんな自由にアメリカに行けるようになったんです。

〔小林〕はぁ〜。

【森田】だから、僕や香山健一以外は、どんどんアメリカに入れるようになって、そしてアメリカで勉強してきて学位を取って、学界に復帰して、それでみんな各学会のリーダーになってったんですよ。ねっ。

【西部】う〜ん。そうだった。

【森田】その中の最高の人物が西部さん。

〔小林〕はぁ〜。

アメリカに真正面から対峙する闘いがあった

【西部】一週目、もう時間も終わるんですけど、まぁ僕は視聴者に訴えたいのは、一九五〇年代にね、まぁそこにはいろんな「誤解」も「錯覚」も「素っ頓狂」もあったんだけど、何れにしても、そこには、これは一九五〇年代の前半ですけどね……。アメリカ軍という巨大な物理的存在があって、それは米軍基地という形で、その後も（今も）尾を引くんだけども、そういうものも真正面に相手にしながら、闘うというか、動いていた……そういうグループがかつていたんだと。

あの段階で、いつも「アメリカのこと」が問題だったんですねぇ。

【森田】そうです。だから五七年の時には、アメリカ兵がカーピン銃を構えて、我々に向けていたんですから。そんな中で基地に突入して、それが砂川裁判に至るんですよ。

【西部】だから、今はなんかかね、アメリカとさ、「日米同盟」とかって言ってね、アメリカとお手手組んでればなんか良いことあるわい、ぐらいの風にしかなっていないけど、あの時には、だってその十数年前には、日本軍はアメリカに大敗したんだからね。非戦闘員の九〇万が焼き殺されたのも含めて、中国大陸も入れれば、合計三〇〇万の大量死を出しながら、アメリカと戦ってきた。砂川事件というのは、それが終わった十一年後の話ですからね。

〖小林〗はぁ〜。

【西部】まだ戦争における硝煙の臭い消えやらぬ頃の青年群像の筆頭に、森田さんはおられた。戦後、色々な市民運動、権力への抵抗運動はあったんだけれど、ことごとく失敗した。その中で、唯一、成功したのが砂川闘争だったという評価がある。そのリーダーが森田さん。ですから案外ね、いろんな意味であれだけれども、やっぱり多くの支援が間接的にはあったハズですよ。

【森田】うん、うん。

【西部】イデオロギーを認めるとか、理論を認めるとか、そういうことじゃなくてね、「なんか起こるべくして起こった運動だ」ということは、多くの国民が直感してたんですよね。

〖小林〗はい。

【西部】どうして、他人の国に外国の軍隊がいて、偉そうな顔してカーピン銃構えてるんだよって！　素朴な疑問ですよ。

〔小林〕そうですね。

【西部】「勘弁しねーぞ！」ってね、そういう感じ。

〔小林〕うん。

【西部】ということが通用していた時代があったの。

〔小林〕はい。

【西部】ということでね、まぁそこは森田さんの前半生で、次の週は、何故、このように羽織袴を着られる存在になってくるのかということが、次の週で語られるハズです。お楽しみに（笑）。

〔小林〕はい。楽しみです。

【西部】今週はありがとうございました。

第二週（二〇一五年五月一七日）

六〇年安保の英雄たち

〖小林麻子〗　先週に引き続き、政論家・森田実先生が「我が人生を語る」ということで、森田先生の遍歴を追ってみます。先週は砂川事件についても語っていただきましたが、先生の周りの六〇年安保の英雄たちは、その後どんな風になっていったんでしょうか？

【森田】　一番著名なのが、共産主義者同盟という、「ブント」という組織の書記長になっていろいろやった島成郎。それからもう一人は、唐牛健太郎。唐牛健太郎と島成郎というのは、非常に密接な師弟関係ぐらいの仲でした。島が昭和六年の早生まれで、唐牛が昭和一一年ぐらいの生まれですよね？

【西部】　一二年かもしれない。

【森田】　一二年でしたね。そのぐらいの違いで。非常にこの二人がウマが合って。実は我々が全学連をやっている時には、我々は勢いがよくて、共産党と喧嘩しても何してもやっていたんですが、その足元を見るのをうっかりしていて。気が付いたら、革命的共産主義者同盟という、革共同という組織ができていて。それで、全学連の中央執行委員会で次の委員長を選ぶ選挙をやったら負けちゃったんです。香山健一が負けちゃったんですよ、あれだけの人物が。それで革共同に天下を取られちゃって。革共同の塩川喜信君（一九三五〜二〇一六）というのが――東大の農学部の学生だったのが――委員長になったんです。それで島が北海道へ行って唐牛を引っ張り出してきて、半年後に唐牛を委員長にして決戦をやって。それで、その塩川を追い落として「唐牛委員長」を作り上げて。それで、唐牛・島でもってやっていく体制ができるんですよ。私なんかも負けたままで去るのは気分が悪いから、「ひっくり返してやろう」とひっくり返したんですよ（苦笑）。だから革共同はそれから離れて。

六〇年安保の後で、革共同というのが、むしろ学生が主導権を取って、これが分裂して。確か革マル派と中核派に分裂して、それでかなり激しい争いを……。

【西部】そうでしたね。

【森田】その頃は、西部さんも学生運動からは離れてやっているし、僕も離れてやっていました。島は僕より二年上なんですよ、昭和六年の早生まれで。旧制府立高校（現在の東京都立大学）から東大教養学部に入って、すぐに自治会の副委員長になって。一九五〇年のレッドパージ反対の運動の時にストライキをやって、それで処分されて。それで二年後に復学して、僕と同じ学年になるんですよ。共産党の細胞というのは理科系は三人しかいなくて。

【西部】そうですか。

【森田】島と僕と佐伯君（佐伯秀光）という数学のよくできた人間――この人はまだご存命だと思うんですが――この三人しかいなくて。だから仲が良かったんですよ。当時、僕と島は気が合って、常に一緒にやっていたんです。時々喧嘩しながらやっていたんですよ（苦笑）。

【西部】途中で口を挟むと。僕は五八年に入って来るんですけど。その頃、元々、もちろんいっぱいみんな運動をなさっていたんだけれども、実際には大きな弱点があって。アメリカを仮に追い出したとしても、「じゃあ日本はどうするんだ?」という。その頃で言えばソ連もいる、中国もいる。日本の軍隊をどうするんだというところまで我々は考えていなかったわけ、一切ね（苦笑）。

それで、言うとしたら、非常に空疎な平和主義と言うの? 「非武装中立」というのは、その頃……。今も社会党／共産党もそういうことを言っていますけど——社民党系か。その程度のことを言う人が多くて。そういう意味では空理空論が多かった。そういうことを我々も気付き始めていた、ということがあるのね。それで森田さんは、それまでの長い経験も踏まえて、人間関係の錯雑たる裏切りだとかいがみ合いだとかにほとほと嫌気がさしてきたんじゃない?

僕は僕で、ずいぶんと歳が違うんだ。僕は昭和一四年生まれですけれどね、それはともかく。最後、最先頭に行って、ほとんど一人でやっていたの。それで、やればやるほど分かるの（苦笑）。これはどうにもならん、と。単に「安保条約どうのこうの」とか「日本国家が」「軍事が」ということの前に、左翼に集まる人間たちの全てとは言わないがね。たいがいは——僕は東大しか知りませんでしたが——人間として大したことない有象無象たちの集まりである、と。「こんな者たちとお手手を繋いでいるわけにはいかないな」ということを経験上分かっちゃうという形でね。何はともあれ姿を消さざるを得なかった、あるいは自ら消したという人は何人かおるんですよね。

高度成長の裏側もあった

【西部】で、先週言いましたが、森田さんとか僕、他に何人かいるんですけどね。そのうちのアレで、唐牛健太郎というのは全学連委員長に担ぎ出された、函館の男で。僕は同郷のよしみで、僕の兄貴と北大で同級生ということもあって、仲が良かったのね。

終わってからも、彼はバッと一人になって……。実は彼はわざとにやったんですよね、田中清玄なる戦前の武装共産党の「その共産主義は間違いだ」と言って……。言ってみれば、アレですね。その時は日経連等々のフィクサー的な仕事をしていた反共の闘士となった田中清玄のところに、唐牛健太郎たちはほんの一時ですが、いわゆる「草鞋を脱ぐ」という――ヤクザ用語ですけどね（笑）。そんな調子のことで。

みんな、要するに、散り散りバラバラに乱れていくと。それで森田さんは一人になって。いずれ分かったことは、何年か経ったら日本評論社『経済セミナー』の名うての編集長として、突如顔を出すと。僕は長い長い放浪生活と言うか、沈潜生活。裁判所生活の果てに、依然として風来坊をやりながら、森田さんと三〇前後に会うという。みんなそれぞれ、散り散りバラバラの人生に入ったんですよね。

ただ、確かに唐牛健太郎とか島成郎というのは、いつまでも可哀想は可哀想だったたですよ。島で言えば、全学連書記長としての、言わば――さほどの重い十字架だとは思わないが――十字架を背負わされちゃっているわけね。唐牛健太郎も、全学連・六〇年安保、全学連委員長という十字架。いつまでもそれは剥がれないのね。こちらは、僕は気楽な身分の者で、いつでも草鞋を脱いだり履いたりして、自由自在の身だったという。そういう違いはありましたですけどね。

なかなか六〇年代……。しかも時代が六〇年代の日本経済高度成長でしょ? 今みんな「坂の上の雲」とか、そんなことを言っているけど。本当は高度成長の裏側もあったんですよね。そんな風に一人ひとり、食うや食わずで生き延びていった。そういう人たちを背後に持っての、坂の上の雲の上にみんなが上って行きました、という話で。

【森田】 砂川が一九五六年ですね。それから警察官職務執行法というのが――これは潰すことができたんだけれども――これが五八年。

【西部】 そうでしたね。

青年たちに期待を寄せる雰囲気があった

【森田】 五九年・六〇年が安保闘争なんですよ。この五年間というのが、大きな雇用があって労働組合も闘いましたが、学生も全国で三〇万のデモが組織できるわけですから、我々は何万のデモの指揮を執ったわけですよ。そんなことは学園紛争以外にありませんよね。

その時に我々は何を考えていたかと言うと。やっぱり戦争があった。それで戦争が終わって占領下に置かれた。そして、いろんなことがあった。十年間経った。何かいろんな日本が次に進むにあたって、溜まり溜まっているいろんなものがあると。恨みつらみも含めて。

それをいっぺん燃焼させて――我々は勝ちたかったんだけれども、勝っても負けてもここで全部燃焼させて、次の時代に向かう。日本社会の気分転換と言うか、そういう社会思想の大きな流れを変えなきゃいけない。そのためには一度燃焼して、激突してやらなきゃ先へ行けないんじゃないのかというのがあって、あれだけの大きな激突になるわけですが。

私は、時代というのはそういうもので、ある時越えなきゃならないものがあるんじゃないかなと思っていまして。そんなことで六〇年安保の終わるまでは表の島、僕は裏で参謀役をずっとやっていたんです。唐牛も表で動いていました。

唐牛とは、僕は仲が良かったんです。なぜかと言ったら、彼は北海道から東京にアルバイトに来ている時に砂川闘争があって、そこで彼は僕と知り合うわけですよ。それで僕をモデルにするためにどうするか考えた結果、「北海道へ行って自治会の委員長になって、北海道学連の委員長になって、全学連へ出てきて、全学連の委員長になればやれるんだ」というように思って学生運動をやったと、彼は僕には何回か話したけれど。そんな時代でしたね。

【小林】　西部先生はたった一人で戦ったのですか？

【西部】　その前に、今、森田さんから名前の出た皆さんのような英雄豪傑のようなアレじゃなくて、逆でしたね。僕、一八まで重症のどもり患者で喋れなかったんです。それから高校二年の時に妹を交通事故に遭わせて、今で言えば鬱病患者も同然になって。それで家族内の罪人《つみびと》という感じになりますから、できるだけ札幌を離れて。津軽海峡を渡る時は全く「何でもやれ！」と。今で言えば、世界中から集まってくる――イスラム国に盲目的に集まってくるように（苦笑）。そんな感じの心境で、何でも良かったんですね。ただひたすら、当時として言えば激しく生きて、後はどうなれ何も考えないという。僕の場合は指導性も目論見性も予測性も何もない。それで案の定、三つ裁判にかかって。

あれ、世が世でしたら、断頭台の露と消えるんでしょうけど。牧歌的な時代でね。それどころか、森田さん実感されたかな？　後で分かったんだけど、大学教授も裁判官も、弁護士は言うに及ばず、検事までもが、どことなしに我々に sympathetic（同情的）と言うのかな。あれはやっぱり戦争が問題あったんでしょうね。戦争が終わってアメリカに支配されると。つい先だってまでドンパチやっていたんですから、日本軍は。そうすると、次の青年たちに期待を掛けようじゃないかという暗黙の気分が、今言った日本の当時の教授だ検事だという指導層に何がしかあったんでしょうね。

そんなせいと、もう一つは、高度成長でみんな幸せでさ。そういう牧歌的な時代のせいで、僕は三つの裁判に執行猶予が付くなんていうのは、おそらく裁判史上稀に見る……。それでいわゆる「シャバ」に戻ってきたわけです。

〔小林〕　良かったです。

【西部】　あのまま牢獄に閉じ込めておけば、こんなことをテレビで言わずにすんだのに（苦笑）。

【森田】　しばらく学生運動でしばらく獄中にいて、裁判にかかって、東大教授になった人というのは、おそらく私が知る限りでは西部さんだけだと思うんですよ。

【西部】　そういう時代だったんです（苦笑）。

【森田】　とりわけ、好かれた。人間に魅力があった。それで僕の感じでは、僕らは三国志の諸葛孔明とか劉備玄徳とか、これでやろうと言ってね。それから、せいぜい孔子・儒教ですよ。ところが西部さんは道経・老子ですよ。だから大きく自然も含めて見ている人間。これが、あの時代からいたんですよ。西部邁という偉大な人間が。

【西部】　変わらないじゃないですか（苦笑）。

【森田】　老子ですよ。

【西部】　単なる、気分的に言ったらアナーキストに近かったですね。コミュニストとかそういう理屈のある世界じゃなくて。何かしら、近々で言うと、あの頃は共産主義者から――色ではレッドですけど――ほとんどブラックエンペラーと同じ世界のね（苦笑）。ともかく何か暴れて、自分がそれなりに傷付いてからちょっと正気に戻ろうという、そんな風なジェネレーションが森田さんの後ね。

だって、僕は敗戦の年に小学校に入学でしょ？　僕、今でも覚えていますもん、自分の上空を

Ｂ29が飛ぶ、グラマンが飛ぶ。隣り近所にあった小さな日本軍の基地に爆弾が落とされる。その中で小学校一年生でしょ？　何か一種の不安神経症みたいな、そういう十数年だったんですよね。そこで幼年・少年を送った人間は、当然中から僕みたいなやつが一匹ちょっと出てくるわけさ。

【小林】　森田先生は中学生でいらした？

【森田】　旧制中学一年生の時に戦争が終わったんですが、四か月だけ学徒動員の経験がありますよ。

【西部】　ああ、そうですか。

【森田】　アメリカの機銃掃射なんか受けたことありますよ。それから兄貴も戦死しましたし。みんなやられちゃったんですよね。戦中・戦後というのは、みんな本当にどん底の生活でね。

私はポツダム宣言一二項というのがずっと――特に私が極端かもしれないんだけれども、頭にあって。アメリカが、日本が平和的で民主的な政権を作ったら撤退していくと言うんだから、軍事基地を置いていたんだったら日本はいつまでもアメリカの植民地ですからね。「ポツダム宣言守ってくれ、守って出ていって、日本は日本人のアレで委ねてくれ」というのが私の立場でしたよ。そればかり考えてやっていたのもあってね。

日本がアメリカに対して戦争をやったのは間違いなんですよ。このことが決定的に間違いなんです。だからアメリカとは戦争はやっちゃいけないし仲良くしなきゃいけないけれども。しかし、「ポツダム宣言の時の約束は守ってくれ」というのが私の一貫した立場でね。

【西部】　情緒的な言い方ですけど。僕の近所にアメリカ軍がやってきた時には、僕の親父が長いキリを研いでいて、語ったことがあるんだけど。おふくろが「お父さん、何してるの、キリを研いでどうするの？」と。「このキリで自分の家にもしも米軍の兵士がやって来たら、せめて肋骨と肋骨の間を一刺しして、一兵たりとも倒したい」と。それを聞いたおふくろが、うろ覚えなんですけどね、「お父さん、そんなこと言ったたって……」――その頃、五人子どもがいましたがね――「こんな小さな子どもを五人残して、お父さんが死んでどうなるの？」オロオロって……。

僕が言いたいのは、あの頃そういう風な風景というのは、日本にはあっちゃこっちゃにあって。人それぞれ、教養がなかろうが、情報がなかろうが、理論がなかろうが、何か素朴に真剣に生きていた親たちがいて。そういう者たちの子どもたちなんです、僕たちは。中学生とか小学生、いろんな差がありますけどね。

従って、今から考えれば、いろんな考え方／振る舞い方に落ち度が多々あろうものの、何か笑いたくなるぐらい素朴に真剣に生きようとしていた人間たちが、戦後十年十五年いたんですね。そういうことの中の一つひとつの出来事。でも、それが高度成長とともに区切りをつけて。後は、日本は経済的適応ですよ、今に繋がるね。カネが、モノが、商品が、増えればそれでいいんだというところにダーッと動いていって。森田さんも、西部邁は言うに及ばず、「このプロセスには役に立たん」ということになっているわけです（苦笑）。

『小林』　いやいや。怒られちゃいますけど、今の若い人がデモだ何だのと言っているこの気持ちと覚悟がまるで違いますね。

【西部】 ただ森田さん、僕ちょっと気になっていたのが、六〇年、昭和三五年のアレが終わるでしょ？ それで戦後の左翼運動というのは、そこで本当にいったん火が消えて、あとはお金の世界になっていくんですよ。

その時に、そこで生きながらえた――主として東大生が多かったけど――固有名詞は挙げませんけど、かなり多くの指導的メンバーが次にアメリカに渡るんですよ。それは構わないのよ？ アメリカに渡るについては、もちろんアメリカはアメリカ大使館でちゃんと情報を知らせる人もいて、「これは左翼を辞めているから、アメリカにとっては有害じゃないから」という風な陰のお墨付きをもらったりして渡ったという人は何人もいて。僕はそのことをあげつらおうと言っているんじゃないんだけど、僕はどこか釈然としないことがあった。

つまりは、気分的に言うと、アメリカがどうのこうのということじゃないんだけど、「アメリカ的なるもの」と、あるいは「アメリカ的なるものになびいていく日本人」と、こちとらは喧嘩したつもりでいたわけさ。幼心（おさなごころ）で。それなのに、コトが終わった直後あたりから「アメリカ的なるもの」になびいていく、進んでそこに入っていこうとする群の人々が、特に東大生に多いのを見ていて、「俺はこういうやり方はしたくねえな」というアレは非常に強かったですね。何か「自由になったらアメリカに渡ろう」という根性に、どこか、おそらく「戦後左翼の底の浅さ」みたいなものが出たんじゃないかなという気は、当時から持っていましたですけどね、僕は。

【森田】　学生運動というのは、何てったって経済学部が中心なんですよ。これは一番強いんです。戦後はマルクス主義も経済理論ですから、学生運動をやる人が多くて、経済学部がほとんど全学連の委員長なんかを取っているわけですよね。彼らがその運動の中心だったんですが。

安保が終わると同時に、学校に戻る大きな流れができるんですよ。ところが左翼の運動をやっただけでは戻れないものだから、アメリカ留学になるわけですよ。そういう形で、アメリカ経済学に過剰に同化していった感じがありましたね。例えばサムエルソン（Paul Samuelson）が出てきたり、その後はフリードマン（Milton Friedman）が出てきたり。そういう流れの中に同化していくわけですよ。同化しなかったのは、西部さんぐらいなものじゃないですか？

【西部】　僕はずっとウロウロ、ウロウロしているから、同化と言うか、チャンスがそこにあることも知らなかったという（苦笑）。

【森田】　私なんかは理科系だったから、拾ってくれるところがないから。結局、いっそのこと浪人しちゃって、沈没しちゃって。そうすると、まずマルクスでしたから。マルクスの以前から始めようというので、ギリシャ哲学から始めて。それでマルクスまでのアレをずっと追っかけるわけですよ。それから中国の思想を追っかけるわけですよ。それからインドの思想を追っかけるわけですよ。

『小林』　大変なことですね（苦笑）。これで五～六年間終わっちゃうんですね。

【森田】　そのうちに、アメリカから経済学が入ってきて。「計量経済学とかなんかが来るから、君は数学ができるらしいから……」――これは全く相手の誤解なんですよ、だからダメなんだけれども――「数学ができるから、経済の編集者になってくれ」と。

【西部】　ああ、そうですか。それで日本評論社で。

【森田】　それでなるんですが。見ていて、みんな経済学者が数学の罠にはまったね。これは残念ですね。数学を使えば、いい経済学ができると。全く逆だったんですよ。だから数学を使わない哲学的・思想的経済理論を作るべきだったので。

この道を進んだのは、私の知る限りでは、こないだ亡くなった宇沢弘文さんと西部邁さんだけですね。ただ、宇沢さんは常に――僕は何度も会って付き合ったんだけれども――「経済学者はいかに生きるべきか」というのを意識していたけれども。西部さんは、人間として思想家としてどう生きるべきかと。要は、広かったんですよ。だから私は、九五年の東大経済学部が生み出した最高の秀才は、西部さんだと思っているんですよ。

【西部】　またまた。それは違うよ（苦笑）。

『小林』　貴重な証言じゃないですか（笑）。

【西部】　「左翼にかかった者たち」と言えば大げさですけど。考えてみれば、普通の子どもたち、普通の青年たちだったんですよね。その人間たちが、その後いろいろと散り散りに乱れていき。

でも僕、森田さんに今度来てもらったのは、森田さんの人生は僕よりかもっと高いところにあったんですけどね、立場上。それでもやはり――これは次の週に入って言いますけれども――政治評論をなさってから、かなりある一貫したもの、重いものをずっと貫こうとしていて。自己の体験とか自己の理論のイメージ、それを全体として表現しようという風に……。そういうのを見ていると、顔を見ていれば分かりますね。喋り方の中に、「そう簡単に流行に流されてモノを言っているんじゃない」ということは見えてくるんですよね。僕は森田さんの政治評論をテレビで聴いていて、好きだったんですよ。

　ということで、いよいよ森田さんが政治評論家としてテレビに現れてから何が起こったかは、次の週に回しましょうか。

〔小林〕　楽しみです。

【西部】　ということで、今週もありがとうございました。

〔小林〕　ありがとうございました。

第三週（二〇一五年五月二四日）

郵政改革の批判者は「容赦なく切る」

『小林麻子』　三週にわたり、「政治評論家 森田実、我が人生を語る」ということで、森田先生の遍歴を追っています。今週は、この四半世紀間、特に小泉改革を頂点とするアメリカ流の改革運動に、森田先生がいかに抵抗されてこられたかが語られるはずです。

森田先生は、あるテレビ局で小泉批判をされるやいなや、レギュラーを断られたと伺っておりますが。

【森田】　だんだん出演依頼が少なくなってきていたんだけれども。しかし、週に二度とか三度は声が掛かって出演していたんですが……。

小泉さんが郵政で解散しましたね。あの時には、衆議院は法律は通ったんですよ、参議院で否決になって。憲法四一条で「国会は国権の最高機関であって、唯一の立法機関である」となっていますから、結論が否決になったら廃案になるんですよ。出直しというのは、しばらく経ってからやるものなんですよね。

ただ、その時に小泉さんは「自分は、俺は納得できない。参議院が否決したのは納得できない。国民投票に問いたい。衆議院を解散するのは、憲法七条で俺はできるんだ」というので、否決になった翌日に、真っ赤な絨毯の、カーテンの前で解散をやるんですよ。その翌朝、僕が解説者としてフジテレビに出た時に、「小泉首相は全く間違っている、憲法違反である。つまり、衆議院を通っても参議院で否決されたら、これは一般に否決なんだ。廃案になるんだ。そのことを政府は認めるべきだ。それを認められないと開き直ったことは首相としての越権行為であって、しかも解散をするということをやってしまったことは、それは完全に首相権限を逸脱した、法に反する行為だ。かくなる上は、小泉氏は責任を取って政治家を辞職すべきだ」という話をしたんです。そこから後はテレビ局から出演の依頼が来なかったです。引き合いが、一切、全く。それで東京のテレビから私の姿は消えたわけです。それが経過です。

〖小林〗 そうですか。

【西部】 僕は郵政改革のかなり前に——みんな覚えているかな。《行政改革はニュージーランドに学べ》と、それを小泉さんがまだ厚生大臣の頃から旗振りをしていて。それに経済界も出版界も新聞界もくっ付いて大騒ぎが半年ぐらいあったの。たまたま僕がテレビの出番を待っていた時、小泉さんと直面して。それ一回きりなんですけどね、僕が「おかしいじゃないですか?」と。ニュージーランドは行政改革で国家公務員を半分に減らしたんだけど、それに学べと言っているけど、半分に減らしても対人口比で言って、まだ日本より多いわけですよ。いったい何を考えて《ニュージーランドに学ぼう》と言っているのか。

ニュージーランド、人口少ないでしょう。三〇〇万人とか三五〇万人ですよ。ついでに尾ひれを付けて言うと、これは竹中平蔵とも関係があるんだけど。国家公務員は、ニュージーランドが半分に減らしても、まだ日本より人口比で多いが、「地方公務員は少ない」とか言っていて。それは言うチャンスを失ったけど、僕の気持ちは――冗談で言っているのよ（笑）――「ニュージーランドの地方には羊しかいないから、羊の面倒は犬が見ていますから、そもそも地方公務員は要らないんじゃないか」と、僕、そういうこと言っていたの。

つまり僕が言いたいのは、あの連中の言っていることというのは、いかにも何か意味あり気だけれども、ちょっと一枚めくって考えると――今森田さんが言ったのは憲法上の問題ですけど――「ほとんど根も葉もない話が多い」ということを僕が繰り返し言うものだから。僕はお会いしたのは一回きりですけど、相当嫌われていたんじゃないですか。

【小林】そうなんですか？

【西部】僕、ちょっと先生、嫌われたことがあるんですけど。他でもない、これはMXテレビで、野末陳平さんという方が「西部さんの小泉批判は分かったけど、具体的にどうすればいいのさ。どうすればいいんだよ。どうすれば?!」と聞くんですよ。僕ちゃんと正確に答えたんだけど、「どうすればいいったって、僕は一介の評論家で僕には何もできない。しかも日本人の八割が《小泉万歳！》と叫んでいるんだから何もできない」「じゃあどうすればいいのさ?!」と言うから、「それならば、殺すしかないんじゃないですか?」と言っちゃった（苦笑）。

僕が言っているのは、「殺せ」と言ったんじゃないんですよ?（苦笑）。どうもならないものを

「それでも、どうにかせい」と言うのならば、手立てがないんだから。ね？　それを冗談で言ったら、ＭＸという会社は恐ろしい会社で、録画だったけど、そのまま放映されちゃって（苦笑）。

【小林】あら（苦笑）。

【西部】その翌日に、小泉さんが国会の廊下で、突如として「俺は殺されても郵政改革をやるんだ！」と言って、さらに人気が盛り上がっちゃったんです。あれは僕のせいなんです、ＭＸのせいなんです（苦笑）。

【森田】小泉さんが、郵政の時に批判した人間を公認から全部外しちゃったんですよね。そして、その刺客というので、小泉さんを支持するいろんな人を引っ張ってきてどんどんやったんですよ。実は自民党は、そういうことをしない政党だったんです。最後は手を打つ、決定的な喧嘩にまで持っていかない。だから、保守の和の精神というのがあったんですよ。

小泉さんが初めて「容赦なく切る」――かつてのスターリンみたいにどんどん粛清しちゃうというので、私と仲のいい人たちはどんどん首を切られちゃって、無所属で戦うわけですよ。それで応援も得られないんですよね、小泉さんがどんどん押しまくって。応援弁士はみんな欲しいんですよ。だから私のところへ「来てくれないか？」というので、それで郵政で小泉にクビになった人間の応援にずっと回ったんですよ。これは、私は全国へウチへ帰らずずっと回ったんですよ、ボランティアでね。やっぱり選挙というのは、一人で最後まで戦うというのは結構寂しいものなんです。みんなで助け合って応援するのが慣れていることで。これが、私が郵政に入っていった一つの動機ですが。
もう一つは、郵政の会合があるんですよね。そういうのがかなり田舎にあって、強い力を持っているんですよ、昔の地主さんとかがやっていて。それらの人たちから「応援してくれないか？」ということで。何となく任侠道的な精神があるんですよ、だからやっぱり行こうというので。任侠道ですよ、それでやったんです。

【小林】 頼もしいですね。

僕らの学生運動では、議論だけはしてきた

【西部】 今の森田さんのアレは本当にそうで。小泉さんのああいうやり方が悪いのは、例えば《ニュージーランド改革に学べ》と彼が言うでしょ、そうするとみんなニュージーランドがすごいことをやっていると思うわけですよ。ところが、ちょっと調べたら、ニュージーランドなんて日本に追い付いていないところも一杯あるのがスグに見えてくるわけです。ところが、彼はそういう議論する暇を与えないんです。
しかも、マスメディアは、そういう詐欺まがいの出鱈目な小泉さんの物言いを「ワンフレーズ・ポリティックス」と称して、また褒めあげるわけです。「ワンフレーズ」じゃ駄目なんですよ。ちゃんとしたセンテンス、文章になっていないと。しかも一行の文章じゃ駄目で、一○だ一○○だという文章を並べて、ようやっと議論とか説得でしょ？ それをできない人／しない人が

現れ始めたんですね。平成に入ってからですけどね。

『小林』　ひどいですね。

【西部】　先週・先々週と関係があるけど、僕らの学生運動のいいところがあるとしたら、結構議論したんですよね。僕はロクな議論だったと思わないけど、一応理屈をお互いに述べ合って、理屈の上での勝敗という感じが――一〇〇％じゃないけど、そのためにずいぶん意を用いたんですよ。言葉を大事にするというギリギリが、あの頃まででしたね。

小泉さんが良くないのは、ポリシーのこと以上に――「言葉を大事にしないという政治家」が公然と現れたんですね。

【森田】　小泉さんというのは本当に変わった人で、まだご存命なのでこのテレビをおそらく見ているじゃないかと思うんだけど（苦笑）。

『小林』　あら（苦笑）。

【森田】　政治改革の時に、僕が「小選挙区はしないほうがいい、日本というのはいろんな多元的な価値があって、それが有権者の前で争われるものがいい。候補者を政界のボスが決めちゃって、そこで信任を得るというようなことは、政治が独裁化するし良くない」ということで。竹下さんとか小沢さんとかが推進した小選挙区の導入に、私はずっと反対していたんですよ。だんだんテレビの出演回数も減ってくるわけですよ、だんだん少数派になってね（苦笑）。それでも言論界には何人かいたんですよ？　ところが、政界の中では小泉純一郎ひとりだけなんですよ、小選挙区に反対というのは。
それでみんなが勧めるんですよ、「小泉純一郎と対談しろ」と。それで、約束を取り付けて――お姉さんが秘書をやっているでしょ――それでやるんですよ。そして、「小泉さん、あなたは小選挙区に反対だから、その理由を言ってくれないか?」と。そうすると、小泉さんはじっと黙っていて、しばらくして――かなり沈黙の後――「小選挙区反対!」とやるんですよ、スローガンを。それから黙っちゃうんですよ、また。「それだと一行しか記事にならないから、新聞のコーナーを僕は持っているから、もうちょっと喋ってくれないか?」と。じっと黙っていて、またいきなり「小選挙区反対!」とやるんですよ、そういう人ですよ。

【西部】(苦笑)。

〔小林〕おかしな方ですね(苦笑)。

【森田】スローガンだけを喋るような人で。だから、街頭演説なんかでは結構うまいところもあったんですけれども。僕のインタビューでは、全く話にならなかったですな。

〔小林〕それはお友だちには欲しくない感じです(苦笑)

【西部】いわゆる民主主義――この場合は、多数の者が投票に参加して、多数決でコトを決めていく、この方式ですけどね。そこで立候補する人および当選する人の多くの人は、一言で言うとやっぱり変な人が多いですね。ですから僕は、小泉さんとか小沢一郎さんもそうですけど――説明抜きで悪かったな――いろいろ変わった人がいるんですけど、やはりあれは「個人がどう」ということの前に、デモクラシーという制度が、得てしてああいうタイプの人、それこそ「ワンフレーズ・ポリティックス」というんですよ。「ご意見は?」「小選挙区制反対!」ってね。そういう人のほうが分かりやすいというのが、しょせん世論になるものなんですね。

【森田】　僕は左翼にいる時から感じたんだけれども。政治をやる人間は、自分たちが大きなことをやろうとしていると――左翼は革命をやろうとしている――「大きなことをやろうとしているんだ、少しぐらい道義に反することがあっても、一般国民よ、大目に見ろよ」という、多少傲慢なところがあるんですよ。これは僕は間違いだということをずっと言い続けたものだから、あまり好かれなかったです。

つまり、そこで政治は駄目になるんだと。指導者たる者、自らを律して、個人的にも後ろ指を指されるがごときことはしてはいけないんだ、という、言ってみればストイシズム（stoicism）ですよ。禁欲主義。一般社会人としては、禁欲主義もいいし、享楽主義もいいんですよ。それぞれが自分の責任で人生を選べばいいんですが。「政治指導者は道徳的でなければならん」というのが、私はずっとやってきて。どんどん、それを口にするごとに孤立してくるという。そういう過程で、今は全く孤立で。「森田はこの世にいないんじゃないですか?」となっちゃっている（苦笑）。

【小林】　いやいや、元気いっぱいで（苦笑）。

ポリスの前提には、ある種の道徳の共有があった

【西部】 元々、国家って、ギリシャから始まるけど、ポリスですけど。（黒板にpoliceと書く）だから「ポリティカル」（political）と言うでしょ。だけど、ポリスというのは元々、おっしゃったように、その時代の道徳というものをみんな共有し合った、いわゆる市民が作り出している一種の共同体ですからね。ポリスの大前提には、ある種の道徳の共有があって、そこでの政治ですから。底抜けの策略だけだと、うまくいかないいんだよ。

【森田】 若い政治家の場合、力でもってうまくいった後、これは危ないんですよね。「力でうまくいけるんだ」ということが起こるのと、もう一つは、《あの人は力を持っている》ということになると、近付いてくる人がいるんですよ、ごますりが。これが権力者を甘えさせて、ひどいことになる。ですから政治家は、ある程度経験を積んだ老練な人がいいんですよ。つまり、ごますりを近付けたら、政治は駄目になる。権力を振り回したら、駄目になる――ということを知っている人のほうがいいんですよ。権力は抑制して使うべきですからね。

ところが、最近は若い人がどんどん出てきて、そんなに鍛錬していない者が出てきて。それで権力を振り回して、「俺を甘く見たら、お前ら、生きていけないぞ」なんて思いながら振る舞うような感じになっているんですよね。そこに危険性があるんじゃないですかね。

【西部】 これはイギリスの知恵ですけどね、基本的には「政治は老人の仕事」――中国もそうかな？ 老人の仕事という。どういうことかと言ったら、人生も人間関係も、実は矛盾に満ち満ち

ているわけさ。そうすると、ちょっとした理屈とかデータとかなんかで割り切れるほど平板《へいばん》なものじゃないんですね、国家も時代も人間も。そうすると、そのことの矛盾の動き方というのは、経験上よくよく分かっているのは、どっちかと言えば老人なんですよね。政治家は、おおむね老人の知恵を待ってやれと。

ところが、アメリカとか、昔で言うとソ連ね。実験的にできた若い国家。非常に危ないんですよ、青年たちが先頭に立つでしょ？　戦後日本もそうよ。学生運動も、そういう意味じゃ問題なんですよ。森田本隊から末端の西部に至るまで、青年だったんですからね。青年が国家を壊したり何だりしているんですから、大変な時代なもので（苦笑）。青年が暴れる時代というのは、やむを得ず暴れるんだけど、おおむね危ない時代なんですよね。

【森田】 先ほど、「昔はみんな議論した」という話を西部さんがされていましたが、旧制高校では三年あるわけですね、それで、議論をするということをやりまして。Aという立場とBという立場と議論していると、ある時スパッとやめて、立場を変えてワーッと議論するんですよ。

【西部】 ああ、そうですか。

【森田】 そこで、議論で、感情がなくなるわけですよ。ある意味では、仏教の教育なんかも、そういう議論をやってね。それで、どんなに議論をしても感情的にならないということをやるわけですよ。

僕は、旧制高校にいた人たちと一時期一緒の時期があったので。彼らは、そういう方法を非常に強調していましたね。そういう議論を積むことが教育なんだと。立場をサッと変えてみるということをやってみようというのが、だんだんなくなってきているから惜しいですよね。

【西部】 そうですね。アメリカのディベート教育も、そうみたいですね。（黒板に debate と書く）今は日本人は「ディベート」というと「論争術」みたいなことを言っているけど。これは教育に使われた時には論争じゃなくて、要するに立場を変えるわけさ――本当はクリスチャンじゃないのに、クリスチャンの立場としてどう言うか。仏教徒じゃないのに、仏教徒としてどう言うか――をやることによって、相手の気持ちが何ほどか了解できるというね。

アメリカ的な「俺が俺が」「私が私が」という個人主義から抜け出るために、相手の立場を自分が取ってみるという方法が、ディベートだと。それが日本では、『朝まで生テレビ！』なんていうのはワーワー叫んでいるほうが勝ちという、そういう論争術になっちゃったわけで。あんなものに出ていたのは誰なんだ！　……僕ですけど（苦笑）。

日本の未来はどうなるのか？

【西部】 では最後に、森田さんにちょっとあなた聞いてくれる？　僕が聞くと変だ。「森田先生、日本の国家は、日本の政治は、日本の政治家は、日本の国民は、これからどうなります？」と。

〖小林〗 私も聞きたいです（苦笑）。

【森田】 つまり、東洋の思想というものを今の政治家の人たちは知らない人が多いような気がするんですね。アメリカに留学して帰ってきた人が非常に多い。アメリカはいいところがあるんだけれども、しかしアメリカには歴史観とか大きな宗教思想だとかというものは――ないと言ったらアレだけど、薄いんですよね。

ところが大きな流れの中で、東洋の思想の二大潮流は儒教と仏教ですけれども、このことをみんなもう少し議論するべきじゃないのかなと。今いろんなところで、イスラムと仏教の対話とか、そういうものが起こっているんだけれども、そういう人間の根底的な考え方に関する議論というものを始めるべきだと。そういうことができる指導者は、西部さんですよ。だから西部さんに一つ頑張ってもらってね。

【西部】 いや、僕なんかはいいんだけど（苦笑）。（黒板にIslamと書いている）本当に日本人の議論って変だと思うんだけど。これ「Islam」、麻子さん、「イスラーム」という言葉の意味はどういうことですか？

〘小林〙 こないだ先生に聞いたんですけど、忘れちゃいました（苦笑）。

【西部】 教えてあげたじゃない（苦笑）。僕が言いたいのは、みんな、「イスラム国が」とか「イスラム原理主義が」とかパーパー言っているけれども。そもそも「イスラム」という言葉はどんな意味なのかということについて、確認しようとしないんですよね。それで字引を引くとすぐに出てくるんですよ。（黒板に「帰依」と書いている）「帰依する」と言うの？ こういう意味ですよね。だからキリスト教に帰依するのも、言ってみればイスラームだし。仏教の悟りの境地に帰依するのも、イスラームだしね。もっと浅く言えば、天皇陛下に帰依するのもイスラームだしさ。たぶんイスラームそのものが、人間って……。僕は本当はイスラームしたことが、できたことが一度もない、依然として一介のニヒリストに過ぎないの。だがしかし、たぶんイスラームするということは大事なことなんでしょうね。それができれば、物事の秩序・基準が相当はっきりするわけですからね。そういうことの、「イスラムだ！」「問題だ！」という、ああいう雑な言葉遣いは嫌ですね。

【森田】 そうですね。このあいだ中国の山東大学に招かれて講義をしてきた時に、隣に孔子の生まれたところがあって、二五〇〇年の歴史がそのまま残っているんですよね。いろんな指導者とそこで話をしたんですが。結局、原始的儒教に――つまり、原始的儒教の中には、老子的なものも含まれているわけですね。そこが道教と儒教に分裂していくわけですが。それで、統一の努力もいろんなところで行われるんですけれども。

今、全体として、原始儒教の中に一つの調和というものを見つけだそうという動きがあって。それは仏教とものすごい共通しているんですよ。仏教圏にイスラム教がどんどん広がって、マレーシアとかインドネシアとか、どんどんアジア――タイにも広がっているんですが。そういう形でね。キリスト教は、もう戦争をやってキリスト教を教えようということはないですから。平和のアレですからね、調和的なものですから。宗教対話を通じて調和を作り出そうと、そういう時代に私はなってきていると思っていましてね。

ついてはそろそろ、西部さんのご登場をお願いしたい、と思いますですよ。

【西部】　ただもう残念ながら既に日本はアメリカの五一番目の州になっておりますのでね。何か、今の先生がおっしゃったような、そういう老荘の思想を含めた東洋的な――もっと広く言うと、お釈迦様を含めた「我欲を断つ」という、自分のせせこましい、そういう欲望というものを捨て去って、もっと大きな自然、宇宙、無窮《むきゅう》の時間の中に我が身を置いてみるといった種類の、そういうことをやる前に、日本はもうアメリカに吸収されて、「明日どうなる?!」「明日の証券の価格はどうなる?!」「ドルは、円はどうなる?!」「儲かった!」「損した!」と言って、ウワウワウワと言うだけの状態になる――というか既にもうなってますよね。

ということで、これは冗談で言うんだけど、「森田先生のご努力も儚く、いわんや西部邁の努力なぞは何の効果もなく、この国はいずれアメリカの大海に漂する一粒の泡となるであろう」――小さな声で言うが「……ざまあみやがれ」と言いたくなりもするけど、こういうところで終わっちゃいけないから、また次の回に。

【森田】　何とかしたいですよね、我が日本民族の方向を。

【西部】　ということで、最終回、ありがとうございました。

【森田】　ありがとうございました。

〖小林〗　ありがとうございました。

（終わり）

【解説】「【対談】政治評論家　森田実、「我が人生」を語る」――藤井　聡

大秀才「西部邁」と天才戦略家「森田実」

この対談は、西部邁氏晩年（二〇一五年）の頃の森田実氏との対談だ（ここでは本稿が〝解説〟であることを鑑み、両先生に対して〝氏〟という敬称を用いることにする）。西部氏が自身のＴＶ番組「西部邁ゼミナール」に、三回に渡ってゲストとして森田氏を招いた際の記録である。

森田氏は、本書における当方（藤井）との対談（本書 第一章）の中で、若かりし頃の西部邁氏が一体どの様な青年であったのかを縷々《るる》に語っているが、そんな本書の森田氏の語りに対して、西部氏本人が直接、様々に反応している様が実に興味深い。そして我々読者はそれを通して、本書における森田氏の西部評が如何に正鵠を射たものであるかを、そんな西部氏本人の反応から改めて確認することができる。

この「森田×西部」対談は、そんな「森田氏が語る西部邁像」を読み解くに先立ち、本書の共同執筆者である森田実氏とは如何なる人物であったのか、そして、西部邁氏がその森田実氏に対

してどれ程深い敬意と親愛の情を抱いていたかを明確に示すものでもある、という点においてもまた貴重な資料となっている。そもそも本書対談の中で森田氏が語っているように西部氏と森田氏は長い間袂を分かっていたのだが、西部氏がその長い無沙汰の期間を超えて「森田実なる人物はいかなる人格の持ち主であるか、それを視聴者に伝えたい」と祈念する気持ちを如何に持っていたかは、『森田実、「我が人生」を語る』という西部氏が付けた番組タイトルからも明らかだ。事実、西部氏は森田氏についてこう語っている。

【西部】森田さんは大学運動の『雲上人』、雲の上の人。
【西部】物事の裏も斜めも全部読んだ上でやるというね、そういう能力を森田さんから数年後輩の人たち、つまり僕らの先輩にあたる者たちが「持たない」ものだから、いつも、「森田実ならばどうするだろうか」というのがね、一つのテキストになっていたんだね。

そんな西部氏による森田評を不動のものにしたのが、「戦後、色々な市民運動、権力への抵抗運動はあったんだけれど、ことごとく失敗した。その中で、唯一、成功したのが砂川闘争だった」と西部氏が語る砂川闘争であった。それは「砂川というところに、米軍が基地を拡張しようとした時に、森田さんが先頭どころか、ほとんどたった一人で闘いを仕掛け始めた」戦いだったのであり、だからこそ、西部氏は、「実践家としてね、人の予想もつかないことを考えつくのが森田実だ……人の想像のつかない戦略・戦術を捻り出してきて、結果として万余の群衆・大衆を動かしてみせる」と森田氏を評しているわけだ。

そしてそんな森田氏は、西部氏が当時、如何に周囲から高く評されていたのかを、次の様に紹介している。

【森田】（東大駒場の名だたる学者達が）「西部邁という大秀才がいるんだ」
　彼らが口々に大秀才と言う。東大には優秀な人は多いけれども、そういうのは滅多に聞く話じゃないんです。

つまり東京大学における先輩森田と後輩西部は、互いに敬意を抱き、刺激し合いつつ、五〇年代、六〇年代の日本をそれぞれの立場で牽引した偉大な実践家であり学者であったわけである。そして、そうした「命がけ」という言葉を何のてらいもなく使える程の文字通りの「命がけ」の戦いを先輩後輩としてそれぞれの立場で共に戦ったからこそ、西部氏は自らの番組にて自身の人生を自由に語って貰いたいと森田氏に出演を乞うたのであり、そして、森田氏は、西部氏を存分に語り尽くす本書の出版を企図したのである。

経済学を思想と捉え、経世済民の戦《いくさ》の武具にせんとす

そんな二人が巡り会ったのは、日本がアメリカとの戦争に敗れ、アメリカが日本の属国化を画策し、日本の政治家がそれを受容し始めるという時代背景があったからこそであった。そんな属国化に抗わんとしたいわゆる「六〇年安保闘争」である。その大きな時代のうねりの中で、西部氏は、「僕は森田さんと……何が何でも、ともかく、暴れるつもりで東京に来た」わけである。

ただし、そんな西部氏の意気込みとは裏腹に、両者はその「闘争」の最中に実際に共闘する機会は訪れ得なかった。両者が実際に相まみえることになったのは「全てが終わって、随分、何年も経って」から、安保闘争とは全く別の文脈の中であった。ただしその邂逅は、安保闘争とは別の文脈であったとはいえ、両者それぞれにおいて燃えさかった闘志を精神の内に何ら毀損させることなく秘め続けていたからこそのものであった。

当方との対談の中で森田氏が語っている様に、当時森田氏は『経済セミナー』の編集長を務めていた。いわば、全学連での学生運動とは直接は関わりのない仕事に携わっていたわけである。そんな森田氏に、多くの学者達が、「トンデモない秀才」である西部氏に、雑誌で活躍する場を設けてくれと口を揃えて打診したのであった。かくして両者の邂逅は「学生運動」ではなく「経済学」というフィールドで実現したのである。

この「経済学」と「学生運動」というフィールドは一見、関連のないものであるやに見えるが、実は全くそうではない。

そもそも経済学とは、「経世済民」つまり世の中を治め「民を救う」ための学である。そして、六〇年安保闘争の学生運動はまさに「民を救う」ためのものであり、したがって、両者は本質的に同一なのである。しかも、西部氏も森田氏も、「経済は哲学なんだ。思想なんだ」と確信し、経済学そのものを「社会思想」に移行させていったわけだが、「民を救う」という事の内実に、ただ単に「カネ回りを良くする」という話しだけではなく、安保闘争の根幹に位置づけられていた「独立自尊に裏打ちされた日本人の尊厳の確保」を明確に含めんと画策した帰結として、経済学を社会思想に移行せざるを得なかったと考えることもできよう。

西部氏は言う。

【西部】 人間について言えば、大胆さとか卑怯さとかね。正義心とか臆病さとか。そういう人間の複雑な模様をね、数年間に渡っていろいろ見てしまうと、また、自分自身もそれに関わってしまうと、その『数学のような単純な形式ではね、表せないほど世の中は複雑怪奇』だということを、もう子供心に幼心に理解してしまう。そういう経緯で僕は、数学的アプローチをやめた。まぁそういうことなんだけどね。

「民を救う」闘争としての経済学が、数学という拘束衣に縛られ続けていい筈がない——それは西部氏にとって疑いを差し挟む余地のない、当然中の当然の認識であったのだろう。ただし凡百の経済学者達は、経済学というものを単なる知的遊具のようなものとして扱い続けていたのであり、それを決して〝民を救う戦《いくさ》のための武具〟とは見なさなかった。だから森田氏は、そんな中でただ一人、経済学という武具を手に取り経世済民の戦いに赴かんとする西部氏に対して、西部氏の師であった宇沢弘文氏と対比させつつ最高の評価を与えたのである。

【森田】 数学を使わない哲学的・思想的経済理論……この道を進んだのは、私の知る限りでは、こないだ亡くなった宇沢弘文さんと西部邁さんだけですね。ただ、宇沢さんは常に――僕は何度も会って付き合ったんだけれども――「経済学者はいかに生きるべきか」というのを意識していたけれども。西部さんは、人間として思想家としてどう生きるべきかと。要は、広かったんですよ。だから私は、九五年の東大経済学部が生み出した最高の秀才は、西部さんだと思っているんですよ。

西部氏は、若かりし経済学者であった頃から、既に単なる〝一経済学者〟の枠を超え、実践的思想家として経済学の思想を深め続けると同時に、思想的実践家として武具としての経済学を携え経世済民の戦《いくさ》に赴かんとしていたのである。

隷属化された民を救い出すための、アメリカとの闘争

経世済民、民を救うにあたって、戦後日本における最大の敵は誰なのか――この点について西部氏と森田氏は認識を共有していた。

即ち「アメリカ」である。

日本国民は、アメリカと戦い、敗れ、そして隷属的状況に置かれている――だからこそ、民を救い出すにはアメリカからの独立を勝ち取らねばならない、これが両氏が共有している日本の大局的状況認識であった。だからこそ両氏は安保闘争で戦い、現代においてもまた新自由主義という日本国家のアメリカナイゼーション（アメリカ化）に戦いを挑み続けたのである。

言うまでもなく、この大局的状況認識は、幼少期における両氏が目の当たりにした原風景にその端を発している。

【西部】僕、今でも覚えていますもん、自分の上空をB29が飛ぶ、グラマンが飛ぶ。隣り近所にあった小さな日本軍の基地に爆弾が落とされる。

そして、こうした原風景は、〝昭和の時代〟には日本中のあらゆる場所にあったのである。

【西部】「お父さん、何してるの、キリを研いでどうするの？」と（尋ねると）、「このキリで

自分の家にもしも米軍の兵士がやって来たら、せめて肋骨と肋骨の間を一差しして、一兵たりとも倒したい」と……僕が言いたいのは、あの頃そういう風な風景というのは、日本にはあっちゃこっちゃにあって。人それぞれ、教養がなかろうが、情報がなかろうが、理論がなかろうが、何か素朴に真剣に生きていた親たちがいて。そういう者たちの子どもたちなんです、僕たちは。中学生とか小学生、いろんな差がありますけどね。

こうした心情は、社会の中枢にまで浸透していた。例えば西部氏は全共闘の学生運動で三つの裁判にかけられる事になったのだが、その判決がいずれも執行猶予付きとなるという、常識的な判決からすれば前例にない程に、自身に対して〝同情的〟となったのだと触れた後に、次の様に語っている。

【西部】あれ、世が世でしたら、断頭台の露と消えるんでしょうけど。牧歌的な時代でね。それどころか、森田さん実感されたかな? 後で分かったんだけど、大学教授も裁判官も、弁護士は言うに及ばず、検事までもが、どことなしに我々にsympathetic（同情的）と言うのかな。あれはやっぱり戦争が問題あったんでしょうね。戦争が終わってアメリカに支配されると。つい先だってまでドンパチやっていたんですから、日本軍は。そうすると、次の青年たちに期待を掛けようじゃないかという暗黙の気分が、今言った日本の当時の教授だ検事だという指導層に何がしかあったんでしょうね。

空疎な空気、空疎な言葉との闘争

しかし、西部氏のような、そして森田氏のような「アメリカに抗う若者」は、戦後日本においてどんどん少数派となっていく。そして、世間の趨勢はアメリカに抗うという意味すら忘れた植民地根性、奴隷根性にますます支配されていき、反米意識を持つ若者は、平成から令和へと時代が移り変わり、今や〝絶滅〟しかけている。

そんな世の趨勢を如実に物語っているのが新自由主義の隆盛である。新自由主義とは要するに、日本の社会構造、経済構造、ひいては文化構造を、アメリカ流のそれらに転換させていこうとする政治的思想的運動である。それはもちろん、アメリカに仕掛けられたものだが、日本人の隷属性はそんなアメリカに対して過剰なる〝忖度〟を集団的にはじめ、加速度的に日本の構造が熔解し続けているのである。

この隷属的な新自由主義との闘争において何よりも大切なのは、「考える事」であり、「言葉」である。

しかし、隷属的な人々は、あらゆる思考を停止し、あらゆる言葉を中身を伴わない完全に空疎な〝空語〟へと堕落させていった。そして彼らはひたすらに、アメリカに対して、というよりもむしろ、薄甘くこわばった〝空気〟に従属していったのである。

その果てに失われるのが政治だ。なぜなら、政治とは思考し、その内実で世間を社会を国家を動かすために言葉を発し続ける営みだからだ。そんな政治が、隷属し続ける人々によって破壊され続ける事になるのは、論理的に必定なのである。

だからこそ、そんな戦後日本の世間の風潮に抗わんとした森田氏は、二〇〇五年の小泉総理による『郵政解散』について、次の様に徹底批判したのである。

【森田】　僕が解説者としてフジテレビに出ていた時に、「小泉首相は全く間違っている、憲法違反である。つまり、衆議院を通って参議院で否決されたら、これは一般に否決なんだ。廃案になるんだ。そのことを政府は認めるべきだ。それを認められないと開き直ったことは首相としての越権行為であって、しかも解散をするということをやってしまったことは、それは完全に首相権限を逸脱した、法に反する行為だ。かくなる上は、小泉氏は責任を取って政治家を辞職すべきだ」という話をしたんです。

この森田氏の批判は、日本の政治が小泉氏の空疎な言葉によって〝殺され〟かけた、まさにその刹那において発せられた真の日本国民の断末魔の叫びと言っていい。しかし、誠に遺憾ながら、こうした真正かつ誠実なる言論は、アメリカ、そして空気に隷属する事をしかしない思考停止社会の人々によって徹底的に忌避される。彼らにはこうした言葉は絶対に届かない。

この忸怩たる状況について西部氏は、さらに次の様に言葉を繋いでいる。

【西部】　小泉さんが良くないのは、ポリシーのこと以上に――「言葉を大事にしないという政治家」が公然と現れたんですね。っていうところなんですよね。

あの連中の言っていることというのは、いかにも何か意味あり気だけれども、ちょっと一枚めくって考えると――今森田さんが言ったのは憲法上の問題ですけど――ほとんど根も葉もない話が多い……。

つまり、この小泉流の不当極まりない政治の深淵にあるのは、言葉自体が全て空疎な中身のないエンプティなものになってしまったという、「空語化」の問題、さらに言うなら、中身の全くない「詭弁」が力を持ってしまったことであると、西部氏は認識していたのである。

ただし、この詭弁の問題は、文化文明が生まれた頃から、人類に巣くう宿痾のようなものである。例えば、哲学の祖であるソクラテスが戦ったのは終始一貫して「詭弁」であった。嘘と欺瞞で塗り固められた空疎な言葉を駆使する詭弁は、世間を動かし政治を動かし、国家を動かす。そして民を不幸のどん底に叩き落としていく。誠実な魂はこの不埒を決して見過ごしはしない。

だからこそソクラテスは哲学を携え、戦いを挑んだ。

同じように、森田氏も西部氏も、そんな空疎な詭弁との戦いに挑み続けた。その過程が砂川闘争であり、経済学を実践的思想運動へと昇華せんとする闘争であり、対米従属との闘争であり、新自由主義との闘争だったのである。

しかし、歴史は繰り返す——ソクラテスが、詭弁家との闘争の過程で、権力者に投獄され、そして命を奪われていったように、西部氏も森田氏も、権力から〝弾圧〟される憂き目にあっていく。

事実、森田氏は、前記のフジテレビでの発言以降、もう二度と「依頼が来なかった」と言う。西部氏にしても、九十年前後は盛んに全国ネットのテレビ番組に多数出演していたものの、晩年は全国ネットのテレビ番組からは消えていった。森田氏の身に起こった事が、西部氏の身にもあらゆる全国ネットのテレビ局において起こっていったであろうことは、想像に難くない。

例えば西部氏は、メディア界で急速に言葉が失われていった様子について、森田氏と学生運動で共闘した頃のことも重ねながら、次の様に回顧している。

【西部】僕らの学生運動のいいところがあるとしたら、結構議論したんですよね。僕はロクな議論だったと思わないけど、一応理屈をお互いに述べ合って、理屈の上での勝敗という感じが——一〇〇%じゃないけど、そのためにずいぶん意を用いたんですよ。言葉を大事にするというギリギリが、あの頃まででしたね。

しかし、森田氏も、そして西部氏も、そんなメディア界の腐敗に、そして、メディアからの言論弾圧の恫喝の圧力に、決して屈しなかった。自らで言論の場を作り上げ、テレビ界の中でも少しずつ発言の場を開拓し、言わねばならぬ事を言い続けたのである。それが、『森田実の言わねばならぬ』であり、西部氏の『発言者』『表現者』であり、東京MXテレビの「西部邁ゼミナール」であった。

西部邁の精神の深淵

こうして、西部氏、森田氏らが戦う「メディア上での闘争」は、小泉氏に象徴される詭弁家達の勢力拡大に伴って後退を余儀なくされていくわけだが、それでも彼らは言論の場を確実に確保し、世論に対して発言し続ける事になる。

戦いとは常に優勢勢力があれば劣勢勢力が生じ、一進一退の攻防を、いずれかが「敗北を宣言」するまで続けられるもの。したがって、その意味において、経世済民の戦い、そのための日本の隷属状況からの脱却に向けた戦いは、未だ続けられていくわけである。

彼らのこの戦いを一言で言うなら言論戦と呼ばれるものだが、より詳しく言うなら「思想的実践」の戦いであると同時に「実践的思想」の戦いでもある。つまり、思想と実践の両局面で戦いながら、思想が実践を導き、実践が思想を鍛え上げる循環活動を通した戦いとなっているのが、言論戦と呼ばれるものである。

したがって、西部氏と森田氏との対話は必然的にメディアや政界での実践の場の戦況に関する話題のみならず、それを導く思想の深みについての議論に及ぶ事になる。

森田氏は、西部氏に次の様な最大の賛辞を送っている。

【森田】大きな流れの中で、東洋の思想の二大潮流は儒教と仏教ですけれども、このことをみんなもう少し議論するべきじゃないのかなと。今いろんなところで、イスラムと仏教の対話とか、そういうものが起こっているんだけれども、そういう人間の根底的な考え方に関する議論というものを始めるべきだと。そういうことができる指導者は、西部さんですよ。だから西部さんに一つ頑張ってもらってね。

僕の感じでは、僕らは三国志の諸葛孔明とか劉備玄徳とか、これでやろうと言ってね。それから、せいぜい孔子・儒教ですよ。ところが西部さんは道経・老子ですよ。だから大きく自然も含めて見ている人間。これが、あの時代からいたんですよ。西部邁という偉大な人間が。

西部氏は、『三国志』の実践を導く力があり、そしてそのための儒教が明確にある、しかしそれだけではない、色即是空・空即是色を語る仏教とも大きく重なる道教が示唆する大自然＝道（タオ）の全てを見つめながら、人の倫（道）を語り、政治的実践を導かんとする思想がある――

この言葉に対して西部氏は「いや、僕なんかはいいんだけど」とまんざらでもない苦笑を浮かべつつ、次の様に返している。

【西部】　僕は本当はイスラーム（※筆者注：帰依する事）したことが、できたことが一度もない、依然として一介のニヒリストに過ぎないの。だがしかし、たぶんイスラームするということは大事なことなんでしょうね。それができれば、物事の秩序・基準が相当はっきりするわけですからね。

この森田氏と西部氏のやりとりの中に、「人間・西部邁」の最も深い自己解釈が浮かび上がっている。

森田氏から観れば（そして、筆者から観ても）、西部邁ほど宗教性を携えた人物はそうザラにはいない。思想の深淵は宗教と無縁では存在し得ない以上、仏教の深淵、道教の深淵にまで届かんとする西部邁の精神が、無宗教などではあり得ないのである。

しかし、それにも拘わらず、西部邁は決して、自らを宗教的な存在だとは自己認定はしない。自らの事を宗教や神、あるいは、真の真善美に「帰依」（イスラーム）することがない、一度も出来た事のないニヒリスト（虚無主義者）であると断ずるのである。

筆者は、この西部氏の自己認定は、半分は真実であり、半分は虚構であると感じている。

西部氏は、知的に誠実であり、あらゆるものを知で認識し尽くすことを希求し、せねばならぬというひとかたならぬ常人には計り知れぬ義務の念がある。そうした知的誠実性からすれば、論理の飛躍を伴わざるを得ない神に対する帰依は何があっても出来なかった――というのは、真実の姿なのだろうと思う。

しかし、その全てを知で認識しつくさねばならぬというひとかたならぬ義務の念は、裏を返せば単なる「脅迫観念」に過ぎぬとも言える。その強迫観念の殻、ないしは場合によっては単なる〝薄皮〟を一枚剥がせば、そこには神に帰依してしまっている裸の西部邁の精神が潜んでいるやに思えるのである。

というより、筆者は潜んでいるに違いないと「確信」してしまっている。

なぜなら、その神に繋がる精神なかりせば、全てを知で認識し尽くさねばならぬという義務感や強迫観念も生まれて来る筈などないからである。そしてそればかりか、経済学の一研究者にしか過ぎない立場でありながら、既存の経済学の全てを覆して思想を志さねばならぬと一念発起することも、空しい言論をいつまでたっても続けることも、テレビ界で干されようが東大と対立しようが、自らの手で言論の場を作り、毎晩有象無象どもと朝まで酒を飲み続けることも、負け続ける賭け麻雀に何くそと挑み続け借金を積み重ねていくことも、全て何もかも出来なかったに違いないからだ。

しかし――真の神に対する帰依とは、こうした自らに対する警戒と疑念と猜疑を強く伴うものであるとするなら、帰依したことがないと嘯く西部邁こそ、最も神に帰依した人物であったと言えるのではないか。

ただし、そうした精神は、経世済民の戦い、ひいては、人間が人間であり続けるための戦いにおいて、極めて実践的な意味を持つ。

森田氏と西部氏の対話は、次の様に締めくくられている。


【西部】これは冗談で言うんだけど、「森田先生のご努力も儚く、いわんや西部邁の努力なぞは何の効果もなく、この国はいずれアメリカの大海に漂する一粒の泡となるであろう」――小さな声で言うが「……ざまあみやがれ」と言いたくなりもするけど、こういうところで終わっちゃいけないから、また次の回に。

【森田】何とかしたいですよね、我が日本民族の方向を。

【西部】ということで、最終回、ありがとうございました。

【森田】ありがとうございました。


この短い二人の知の巨人の対話の締めくくりにおいて、森田氏からは希望をいつまでも捨てぬという宣言が表明され、西部氏からは恐らくは敗れるであろうとの絶望に触れつつも戦い続ける姿勢が示されている。戦いにおいては、〝情念〟の次元における絶対に絶やさぬ勝利の信念と、

〝認識〟の次元における悲観論の双方が過不足なく必要であり不可欠なのだ。戦いにおいて勝利を求め続ける情念がなければ、勝利など訪れ得ない。と同時に、悲観論なき戦いには敗北しか訪れ得ない。

西部邁は、自らをニヒリストであると定義し続け、あえて、戦いにおいて絶対に求められる悲観論を語り続けているのではないか。しかし、その悲観論の裏側には、絶対に敗れはしないのだという激しい〝情念〟が渦巻いているとしか筆者には思えない。

そんな西部邁の精神の構図、その底の底に渦巻く情念と認識の相克を浮かび上がらせる森田氏のその精神の巨大さ、偉大さ、そして清廉さに心から敬意を評しつつ、素晴らしいだの凄まじいだのという言葉では表現しきれぬ西部氏の生き様そのものに触れ続ける機会を頂く事ができた我が奇跡に、心から感謝したいと思う。

（ふじい　さとし）

第四章　西部邁の最後の傑作が「藤井聡」である

西部邁の最後の傑作が「藤井聡」である――

森田 実

藤井さんとの対談を端緒として、「西部邁」という稀有な人物の軌跡をたどってきた。西部という男は、その人間的魅力のゆえに多くの人に愛された。そして、優秀であった。そんな西部の素顔と、これまであまり知られていない側面を本書を通じて少しお伝えできているのではないかと私は思う。

本書のまとめにあたり、不思議な縁を感じた。西部が学者として世に出ようというとき、編集者であった私は雑誌掲載を通じて助力させてもらった。西部は、それを恩義に感じてくれていたようであった。

そんな西部が晩年において、おそらく最も熱意を注いでそだてたのが藤井聡という弟子だったのではないかと思う。誰が見ても経済的採算がとれそうもない学術雑誌を身銭を切って発刊したのは、全てに無謀な西部らしい。そして、その労苦を背負って雑誌刊行を引き継いたのが藤井さんだった。それは西部亡き後においても続いている。

西部の追悼集を編んだのも藤井さんだった。私も拙文を寄稿させていただいた。まさしく、西部と藤井さんは、真の師弟関係であったと思う。

藤井さんは、周知の通り京都大学に在籍する学者である。その学者が言論界に雄飛するにあたって後押ししたのが西部だった。本書では、西部が藤井さんの一つの専門でもある土木学会の学術誌に寄せた論文を本章最後に付論として、藤井さんが言論界にデビューするにあたって藤井さんの文章に寄せた西部の解説文を、この拙稿の直後に掲載した。どちらも、極めて精度の高い名文であると思う。西部の藤井さんへの期待が行間に滲み出ている。

冒頭の「はじめに」でも述べたように、「西部の最後の傑作が藤井聡」なのである。

そんな意味で、私と西部、西部と藤井さん、そして藤井さんと私、この不思議なトライアングルは偶然の産物ではあろうが、人の縁を感じてならない。

そこで、本書の最終章に西部が藤井さんに寄せた期待が凝縮しているともいえる文章をご紹介しようと思った次第である。

ぜひ、西部の文章を味わっていただきたい。そこには藤井さんに対する大きな期待があり、弟子を目を細めて愛でる西部の愛情を感じるのは私だけではないだろう。

私が見るに、西部と藤井さんは、ソクラテスとプラトンのような関係に思えてならない。ソクラテスの偉大さは、プラトンあってのものであり、師匠ソクラテスの偉大さを後世に伝えたのはプラトンの功績であることは有名だ。また、ソクラテスが議論において、並いる論客を論破し続けたというエピソードも、私には西部に重なって思えてならない。

ソクラテスとプラトン師弟は、この二人でとどまることはなかった。プラトンはアリストテレスに繋がった。藤井さんは、象牙の塔に籠ることなく、言論・執筆活動を通じて精力的に活躍している。藤井さんの活動は現実政治にも大きな影響を与え、国土強靭化という国の政策をも動かした。藤井さんは西部の魂を継承し、次代のアリストテレスをこの社会に発掘、育成しようとしているのではないかと私は思う。

良き師を得られた人は人生の宝を手にしたといえよう。だが、それ以上に優れた弟子に恵まれた人生は幸福である。

西部は、藤井聡という弟子を遺すことができ。幸せであった。

平成二二（二〇一〇）年六月一日

藤井君の思慮ある勇気——西部 邁

この十五年間ばかり、「表現者塾」というものを主催している。札幌、名古屋、京都そして福岡でもやっているのだが、東京のものが最も大きい。まとめて言えば、述べ二千人というくらいの若者たちとわたしは議論を重ねてきたことになる。藤井君はもう十年も前から、東京塾そして京都塾に出席されている。いうまでもないことだが、君はそのなかで際だつ俊秀である。その君が「公共事業の雇用創出効果」について一筆を上梓されることになり、わたしは、文字通りに、我が事のように喜んでいる。「後生畏るべし」という格言があるが、知己の若者が羽ばたくのを見るのは、自分が古希を過ぎたのであればなおさらに、愉快なものなのである。

察するに、君はこの平成の二十二年間、土木工学者として苦難の道を歩いてきたに違いない。というのも、「土木受難期」とでも呼ぶべきなのがこの平成時代だからである。一言でいえば、「公共事業悪玉論」が異常の高まりに達し、それが今や民主党政権下において「コンクリートから人へ」という扇情的な改革路線にまで、まるでコンクリートのように固まるといった有様になっている。そうした世論状況のなかで「国家にとっての土木の意義」を論じ続けるのはさぞかし腹立ちと焦燥に満ちた作業であったろうと推察せずにはおれない。

事はエコノミスト連がこの列島に鳴り物入りで導き入れたアメリカニズムの経済政策論に発している。その別名は市場競争原理主義であって、そのイデオロギーつまり固定観念から、「小さな政府」、「規制緩和」そして「公共投資抑制」といった（政策というよりも）無政策が打ち出された。新世紀に入って、とりわけここ数年間、市場競争を自由放任するという無政策の大失態が、アメリカをはじめとして各国で赤裸に露呈されているにもかかわらず、国家のリフォーム（改革）の眼目は依然として政府批判におかれているといってさしつかえない。そして政府批判の照準に公共事業がぴたりと合わされていたままなのである。

政治にあって「世論の声を聞け」という文句が金科となっているのと軌を一にして、経済にあっては「市場の声を聞け」という標語が玉条となっている。しかし、これは「デマ」なのだ。虚語なのだ。デマとはデマゴギー（民衆煽動）のデマのことであるから、つまりは、デモクラシー（民衆政治）のデモと同じく、「民衆的」ということである。そこに現代社会の世論がいかに「虚語による煽動」によって誑《たぶら》かされやすいかが、よく示されている。公共事業悪玉論はそうした誑《たぶら》かしとしての「市場の声」のみごとな代表例である。

市場活力にまかせよと多くのエコノミストが騒いでいたが、そうするためには、まず市場が「成立」し、次にその市場が「安定」していなければならない。市場取引のためには輸送が必要であり、輸送のためには道路が不可欠だという例のことを考えればすぐわかるように、公共事業は市場成立の基本条件である。しかも市場活動は、設備投資にせよ技術革新投資にせよ、未来へ向けての長期展望のなかで行われる。したがって、公共事業の長期計画が政府によってあらかじめ与えられていなければ、市場活動もまた不活発にならざるを得ないのである。

また、ケインズがつとに論じたように、企業の技術機構といい市場の価格機構といい、財サービスへの需要と供給の隔たりを速やかに調整するほどの伸縮性を持たない。潜在需要と潜在供給のあいだのインフレ・ギャップなりデフレ・ギャップなりは、政府支出の減増によって補正されなければならないのだ。そうしなければ、市場価格が、将来価格への期待・予想が急上昇したり急降下したりすることを通じて、スパイラル（螺旋形）となって高騰もしくは暴落する。そんな不安定な市場で市場活力とやらが健全に発揮されるわけもないのである。

今の日本経済はデフレ・スパイラルに見舞われつつある。藤井君が言葉を尽くして説得しているのは、公共事業による雇用創出、それなくしては国家経済が破たんするという一事についてである。わたしも同意見で、それゆえ、これまで道路建設にたずさわってきた役人達を励ますとき、次のような冗談を交えることにしてきた。つまり、「国破れて道路有り」の覚悟で頑張ってほしい、といってみせるわけだ。しかし素直にいえば、藤井君に倣って「人のためのコンクリートを」といっておけばよいのである。

公共事業の財源をどうするのかとなれば、少なくとも短期さらには中期でいうと、公債発行に頼るしかない。ギリシャ経済を破綻させている財源赤字のことを取り沙汰して、日本の財政赤字はもっと過剰だ、と騒ぐのは論外である。一つに、我が国の公債は日本人が購入している。政府の赤字は民間の黒字なのであって、国家とは「国民とその政府」のことにほかならない以上、ギリシャなどにおける外国に買ってもらっている国債と同一視してはならないのだ。二つに、建設公債は、その公共資本の建設から将来世代が便益を享受するのである以上、かならずしも「将来世代にツケを回す」ことにはならない。三つに、国家全体の財政を議論するとなれば、民間の金融資産を考慮に入れるべきで、そうすると、一五〇〇兆円という民間個人金融資産があるということを度外視して政府財政を論じるなど、愚の骨頂だということになる。

ただし、「将来世代の便益」を確実にするように公共事業の選別を行う、という仕事を軽視してはなるまい。断っておくが、ここで便益というのは「社会福祉」といったような弱者救済の政策のことではない。資源供給・エネルギー確保、都市計画・田園整備といった類の公共活動は、かならずや、土木工事を中心とした公共事業を必要とする。そしてその公共活動は、一つには「官民協調」、二つに「地域ごとの具体的プロジェクト」として企画され実行される。その意味で、ステート（政府）とネーション（国民）の協力が要請される。実際、ステート・キャピタリズム（政府主導の資本主義）だけが生き残るということが、この列島を特殊な例外として、広く認識されているのである。藤井君の仕事がその認識に向けての確かな一歩であることは疑いない。君の言論活動が今後とも活力に満ちたものとなるよう、願ってやまない。

平成二十二（二〇一〇）年六月一日

（出典：藤井聡著『正々堂々と「公共事業の雇用創出効果」を論ぜよ』の解説）

藤井聡 処女作に寄せられた「解説」（西部邁）について――藤井　聡

筆者（藤井聡）が西部邁先生が主催する私塾「発言者塾」（後の表現者塾）の塾生として西部邁氏に師事していた頃のこと。「コンクリートから人へ」というスローガンに象徴される当時の政府の政策論の余りの理不尽さに業を煮やし、政府を徹底批難すべく「言論書」というものを出版することを思い至ったのが、筆者齢四一、民主党が政権を担っていた二〇一〇年であった。

それまでいわゆる学会の学術書しか出版した事がなかった筆者が、政府に対する徹底批判を企図した書籍『正々堂々と「公共事業の雇用創出効果」を論ぜよ――人のためにこそコンクリートを』（日刊建設工業新聞社、二〇一〇年）を初めて出版をするにあたっては、今から思えば誠に恥ずかしき話ではあるが、いわば「清水の舞台から飛び降りる」ような心持ちが僅かなりともあったことを覚えている。

だからそんな筆者が、言論の師、発言者の師である西部邁先生に解説を依頼する事を思い立ったのは、誠に僭越ながら至って必然的な成り行きであったと言うこともできるように思う。

ついては断られるのを覚悟で解説を依頼したところ、二つ返事でご快諾頂き、ものの数日であの西部先生の独特の字で書かれた手書き原稿がファックスで送られてきた。喜び勇んで即座にその文字起こし原稿をまとめながら、（その手書き文字を入力しながら）その言葉のひとつひとつを噛みしめ、当時の筆者は深謝の意という他ない感情で胸が一杯になったことを、昨日の事のように覚えている。

西部先生は、「解説」を、次のような一文で締めくくられた。

　実際、ステート・キャピタリズム（政府主導の資本主義）だけが生き残るということが、この列島を特殊な例外として、広く認識されているのである。藤井君の仕事がその認識に向けての確かな一歩であることは疑いない。君の言論活動が今後とも活力に満ちたものとなるよう、願ってやまない。

西部先生のこの言葉を改めて読み返した今、この言葉を頂いてから十年以上、西部先生がおっしゃる「ステート・キャピタリズム」を実現せんがための基礎研究と言論活動、そして、政治政策助言活動をひたすら続けて来たのだと、改めて認識させられる他ない。だからこそ大局を見据える西部邁先生のその視野の広さと魂の質量の巨大さに改めて感嘆致すと共に、この師の言葉が、その後の我が人生に大きく影響をもたらしてきたのだとの深い感慨を禁じ得ない。

ついてはこの最後の西部先生の言葉に応えるべく、西部先生がご存命であられるならば筆者の言論活動には幾分なりとも活力ありとご認識頂ける、そんな言論をこれからも考え続けて参りたいと、今改めて、思う。

（ふじい　さとし）

【付論】同意形成は公的活動への参加のなかで——西部邁

住民投票における人工の同意

原子力発電所や産業廃棄物処理場の建設をめぐって住民投票なるものが幅をきかせている。つまり、建設予定地の住民が圧倒的な多数決でヴィート（拒否権）を発動させ、結果として、原発についても産廃についても今後の計画を組み立てることが難しくなっているのである。

正確にいえば、それらの公共的話題についての法律的な決定権や拒否権が住民投票にあるわけではない。しかし現代の立法過程と行政過程は、いや司法過程までもが、世論の動向に大きく左右されている。その世論の最も鮮明な反映が住民投票であるとみなされているかぎり、住民投票の結果に逆行するような立法・行政・司法の三権の行使は実質的に不可能となる。ここ二十年ばかり、この意味での「世論の支配」が日本の各地に広がっており、立地点の住民に被害が及ぶ可能性のあるような公共施設の建設は頓挫を余儀なくさせられている。

さらに正確を期していえば、立地点という狭い範囲での世論を（たとえば全国といったような）

より広い範囲での世論が否定するということも起こりうる。それが実際に起こらないのは、各地の住民が、自分らが当事者になった場合には、同じく拒否権発動の行為に出んものと構えているからにほかならない。またそうした風潮を助長するものとして、戦後日本にあって、「地方分権」とそれにもとづく「地方自治」が立派な社会正義になりおおせているという事情がある。

しかし、集団の意思決定における同意形成を「世論の支配」にゆだねることにはいくつもの疑義を呈せざるをえない。第一に、（実質的な意味での）拒否権はきわめて特殊な場合にしか正当化できないのである。つまり、もし歴然たる「専制」が行われているならば、それはリベラルデモクラシー（自由民主主義）という現代の価値に真っ向から対立する状況であり、それゆえ専制への「抵抗権」の一種としての拒否権を是認しなければならない。だが、地方議会の決定を覆すべく住民投票が組織されることが多い、という経緯をみれば明らかなように、「専制」とよぶべきような状態はどこにも見当たらない。さすれば、拒否権を行使するにも等しい現下の住民投票はいわゆる「地域エゴ」の発揚とみなされても致し方ないのである。

第二に、現在流行している住民投票が拒否権の行使とならざるをえないのは、そこで公共的な「代案」が何ら問われていないからである。例えば、東京という巨大なエネルギー消費地に原発を立地せよ、というのは一つの立派な代案でありうる。しかしこれまでの住民投票は、当の公共的問題についての代替的な提案を何一つ含まないような形で行われてきた。したがって、それらはそもそも公共的な意思決定でなかったのだ、といってさして過言ではない。いいかえれば、その種の住民投票は世論の確かな指標ではあるものの、その世論そのものが公的な次元にはないということである。公的ならざるものに公的な偽装が被せられる、それが「世論の支配」ということなのだが、住民投票の多くはそうした偽装の最たるものになりはてている。

第三に、住民とは誰のことかという問題がある。公共的問題は、そのほとんどすべてが、将来の世代にも影響を与える。また当該の地域が当該の公共的問題にいかに対処すべきかは、その土地柄にも深くかかわるのである以上、過去の世代からの影響を受ける。そうした過去からの影響と将来への影響の双方を引き受けるのがインハビタント（住民）の本来の姿だとしなければならない。つまり、ハビット（慣習）のイン（中）にいるものが住民なのであるからには、彼らには定住性とそれに基づく伝統性が要求されるということだ。しかし現代の人々は、大いにしばしば、定住性と伝統性をすすんで捨てることに文明の進歩を見い出しているという意味で、住民としては失格者となっている。

第四に、地域の慣習が破壊されていくという状況にあっては、当面する公共的問題の（当該地域を超えて）及ぼす広域的な影響のことを優先的に考慮しなければならない。つまり広域的な問題には広域的に対応すべきであって、立地点のみの利害で事を判断してはならないということである。逆にいえば、立地点の事情がすべてに優先するためには、その地に是が非でも保守すべき文化的伝統があるということでなければならない。そういう伝統が文明によってふみにじられていくのを放置した上で、当の公共的問題が及ぼす広範囲な影響を無視するのは、例えば全国規模でのエネルギー供給や産廃物処理のことを軽んじるのは、やはり地域エゴとよばざるをえないのである。

このようにみてくると、住民投票による同意形成は、公的な問題を私的な問題に矮小化し、歴史的なかかわりをもつ長期的な問題を現在の短期的な問題に極限し、さらにはグローバル（広域的）な問題をローカル（局所的）な問題に縮小させているという意味で、人工的にすぎる。こうした人工的な同意を公共的施策の根本に据えているかぎり、私益の膨張と公益の縮退という「戦後」文明の歪みはけっして是正されえないであろう。

民主「主義」の落とし穴

「世論の支配」ということをいったのはJ・S・ミルであるが、それはA・ド・トックヴィルの「多数者の専制」という考え方を引き継いでいる。住民投票が集団的意思決定の中心に座ったについては、戦後日本において、トックヴィルにみられたような民主主義への懐疑がみじんも確認されてこなかったという経緯がある。

デモクラシーは、元来、民主主義と訳されるべき言葉ではない。それにはデモス（民衆）のクラティア（政治）つまり「民衆政治」という訳語がふさわしい。マジョリティ（多数者）としての民衆がマジョリティ・ディシジョン（多数決）をもって事を決するという一個の「方式」、それがデモクラシーである。そこには、民衆政治から良き結果が出るか否かは一にかかって（多数派の）

民衆が賢明であるか愚昧であるかに依存する、という含意がある。そのことを度外視してデモクラシーを絶対の社会正義とするのは、要するに衆愚政治への懸念の一片も抱かないという意味で、イデオロギーつまり「主義」としてのデモクラティズムにすぎない。

「民主」とは「民に主権あり」との謂であり、そして「主権」とは「崇高にして絶対の権利」のことをさす。主権を有するにふさわしい民はどのようなものであろうか。人間のパーフェクティビリティ（完成可能性）を信じた一八世紀の啓蒙思想の時代に逆戻りするのでなければ、主権者にはせめて「歴史の良識」とでもいうできものが備わっているとみなすほかない。そして歴史の良識が各国各様に異なっていることに注目すれば、「民」は単なるピープル（人民）ではなくナショナル・ピープル（国民）であるとみなさなければならない。つまり民主は、人民主権とは別物としての、国民主権だということである。

逆にいうと、国民にあっては「歴史の良識」という暗黙の同意があらかじめ前提されているのだ。その良識が具体的に何であるかは、「時と所と場合」によって、ということは国民の一人ひとりにおいて、微妙に異なった形で表明されるであろう。しかしそれにもかかわらず、抽象的な水準で、国民に共通の良識があるとしなければ国民の概念それ自体が成り立たなくなる。歴史の良識という「道理」に従うという基本姿勢があってはじめて、人民は国民になるのである。その意味で、福澤諭吉たちがライトを、権利ではなく、「権理」と訳したのは正鵠を射ている。つまりライトな（正しい）道理に沿うことによって、少なくともそう努めることによって、国民は主権者になるのである。

かつてG・K・チェスタトンが「死者のデモクラシー」を擁護したのは、過去の死者たちが残した「歴史の良識」を重大な参考材料にしながら投票せよ、ということであった。過去を振り返ることも未来を見通すこともない生者たちの、自分らの当座の欲望にのみもとづく投票はオクロス（衆愚）の振舞いとなる。そうした行動を正当化するのが世論《せろん》だといってみても、それは「民の声は神の声」と叫んでいるにとどまる。頼るべきは世論ではなく輿論《よろん》なのである。つまり、歴史を運ぶ伝統という名の「輿」（車の台座）の上にいる、流行や欲望に溺れる大衆人（マスマン）の世論ではなく普通人（コモンマン）の輿論、それこそが民衆政治の根幹でなければならない。

普通人（あるいは庶民）たちの輿論のうちには、ダイレクト・デモクラシー（直接民衆政）よりもインダイレクト・デモクラシー（間接民衆政）が勝る、という常識が含まれている。間接民衆政の別名はパーラメンタル・デモクラシー（議会制民衆政）である。現代の奇観は、一方で議会制を支持しながら、他方で、議会を世論に屈従させることを通じて直接民衆政を持ち上げていることである。住民投票によって議会決定があっさりと覆される、それこそが直接民衆政への転落の見本といわなければならない。

普通人は、「歴史の良識」を大事としているおかげで、自分らの代表者にふさわしい人格と識見がどんなものであるかを、人生の経験によって知っている。しかし具体的な政策の適否を、他の諸政策との関連やその長期効果の算定などを含めて判断する力量は、普通人には平均において欠如もしくは不足している。そうであればこそ議会の代表者に政策の審議、決定をゆだねる。それに不満ならば、次の選挙において別の代表者を選出する、それが議会制の道理である。

また、自分らの代表者は自分らの個別的利益に拘泥してはならない、ということも議会制には含まれている。それもそのはず自分らの代表者は、大臣がそのわかりやすい例であるように、国家の利益を代表する立場に立つかもしれないからである。極端な場合、地元の利益に反してでも、というより地元を説得する努力を重ねて、国益に奉じるのが代表者の務めとなる。

一言でいえば、適切な代表者を選ぶ能力があるとみなす点では民衆に信頼を寄せ、適切な政策を識別する能力に欠けているとみなす点では民衆に疑念を向ける、そうした信と疑の境界線上に議会は位置するのである。そのことを民主「主義」における民衆迎合が無視するため、議会が動揺し、世論が暴走する。住民投票によって公共的施策が決定的に左右されるという昨今の状況こそが、そうした議会制民衆政の崩壊過程を如実に物語っている。

公心なければ公益なし

現代における最高の政治理念が自由民主であるといっても、それは無規定の自由民主ではありえない。というのも、規制なしの自由は放縦に墜ち、少数者保護に意を用いない多数決は少数者の逃亡か反乱を招くであろうからである。そして自由と規制のあいだの平衡や多数者優先と少数者保護のあいだの均衡を示唆してくれるのは「歴史の良識」のほかにない。その意味で自由主義も民主主義も、健全であるためには、歴史主義的でなければならないのだ。

戦後日本において、左翼陣営は歴史破壊のソヴィエティズムに偏り、右翼（あるいは反左翼）陣営は歴史不在のアメリカニズムに傾いた。両者は、歴史という基盤を欠いている点で、似た者同士であったのだ。いわゆる「冷戦」とて、近親者のあいだの憎悪に根があるといわなければならない。そのことを見抜けなかった戦後日本は、結局のところ、国家の観念を失うほどに「歴史の良識」から掛け離れてしまい、その挙げ句に、保守すべき国柄は何もないといった調子で、「聖域なき」改革を、というより改革という名の破壊を、自国に仕掛けているのである。

そうした破壊思想の根底には、自由・平等・博愛という（フランス革命の）理想の三幅対を軽信しつづけてきたという近代日本の過程がある。現在の規制なしの自由が「放縦」に落ちることはすでに述べたが、現実の格差なしの平等も「平準」に流れ、現実の競合なしの博愛も「偽善」にはまる。それら理想と現実のあいだの平衡を「活力・公正・節度」とよべば、必要であったのはこの活力・公正・節度の何たるかを、歴史の良識に基づきつつ「時と所と場合」に応じて見定めること、そしてそのための議論と決定を、説得と決定を、国民規模で積み重ねていくことであったのだ。そうした努力をなしてこなかったため戦後日本は、国民の活力・公正・節度に基礎と枠組と方向を与えるのが公共的施策である、という良識を失ったのである。

どんな国民も私心のみならず公心をもち合わせているはずである。また個心のみならず集（団）心も国民にあるはずである。道徳とは、公／私そして集／個のあいだで平衡をとりつづける精神の力強さのことなのだ。その意味での道徳を持たぬ人々に健全な意思決定をなす能力が宿るわけがない。その一つの見本が我が憲法であって、そこには「公共の福祉」の何たるかが示唆されてすらいないのである。たしかに、その第一三条に「公共の福祉に反しないかぎり」国民には自由の権利があると定められてはいる。しかし公共の福祉の基準は日本の国柄を、そしてその道徳を歴史的に継承していくことにある、という真っ当な理解はこの平和（あるいは）民主憲法では封じられている。つまるところ、その憲法の民主「主義」的な性格からして、多数者の欲望するところが公共の福祉だというふうにしてしか読めないのである。そしてその多数者の欲望が公心から離れて私心に舞い上がり、集心を捨てて個人に閉じこもっていることを批判する視座は、日本国憲法のどの箇所にも、ということは戦後日本のほとんどどこにも、見当たらないのである。

公心と集心がなければ、国家益にせよ地域益にせよ、みつかりはしない。それをみつけようともしなくなったればこそ、市場化・自由化・民営化が絶大な正義とする「改革」が公共事業に対して、正しくは公共事業の破壊に向けて、加えられている。その蛮行を正当化するために、J・シュムペーターの「創造的破壊」なる標語が掲げられてもいる。違うのだ、創造的破壊なるもののためには、「創造」のための具体的な企画とその実行がなければならない。破壊のなかから自然発生的に創造が生まれると思い込むのは人間とその社会への途方もない楽観論である。

現代日本にあって「創造」はいかなる方面に求められるのか。それは公共的諸問題を解決するという方向においてである。なぜなら、国民の未充足感は、（私益を処理する場としての）市場で供給される商品についてではなく、（公益にかかわる）公共活動について発生しているからだ。つまり、資源とエネルギー、通貨と信用、危機管理と行政整備、家族と環境、都市と田園、学校と教育一般、そして、研究と開発といった公共活動が一貫した形で展開されてこなかったせいで、市場機構のインフラ（下部）が溶解し、スープラ（上部）もほどけている。そしてそうした公共活動の未充足の根本因を尋ねると、民主「主義」が国民の公的な意思決定を損ねているという事実につき当たるのである。

ＰＡＰ（公的活動企画）の提唱

今ただちに必要なのはＰＡＰ（Public Action Program、公的活動企画）を具体的に立案し実行することである。市場活力とやらが笛吹けど踊らずの有り様になっているのは、ＰＡＰに民間の企業（および家族）を参加させる、という方向で事態が進んでいないからだ。それもそのはず、一九九〇年代のいわゆる「失われた十年」の改革論の中心にあったのは、市場主義であり「小さな政府」論である。そこにあっては公共当局がＰＡＰを率先する必要はむしろ否定されていたといわざるをえない。

市場機構は、一つに（確率的な予測の可能な）クライシスつまり危機としての不確実性の前で、二つに（大規模生産の効率性という）スケール・エコノミーの前で、三つに（集合的に消費されるものとしての）公共財の前で、機能不全に陥る。したがってＰＡＰがなければ、市場の不均衡、不安定そして不均等は解決をみないのである。そのことが最大の課題となっている矢先に、市場原理主義とよぶしかない調子の改革論が花盛りとなったのであるから、市場活力が衰退してむしろ当然といえる。

ＰＡＰを「具体的」に構想し実践するということは、公共的問題をリージョン（地域）にまで下ろして検討するということを意味する。地域にあっては、誰が何処で、何時何故、如何に、という具体的なことがつねに問われる。その地域の抱える具体性にはたらきかけること、それが住民の活力ということなのである。そのような地域的実践が全国各地に自発的に起こってくるときにはじめて、国民の活力が確認されるのであり、そうした創造への活力によって悪しき旧習が破壊されることをさして創造的破壊とよぶのである。

ＰＡＰは官民の協調性を必要とする。しかも官と民の双方において、様々な官庁や種々の階層のあいだの横断的な協調が展開されなければならない。そのことを含めていうと、ＰＡＰの支えるのは、公共性、地域性、具体性そして協調性の四脚だといえよう。先に挙げた（通貨・信用から学校・教育に至る）公共的諸問題をこの四脚を有するＰＡＰによって解決していくことによって、市場の活力も養成され刺激される、というふうにとらえなければならない。

地域のことをいうからといって、今流行中の地方分権主義に与しようというのではない。どんな地域も（中央をはじめとする）他の諸地域と連関している。それゆえ、ローカル・ディセントラリズム（地方分権主義）ではなく、インターリージョナリズム（地域連関つまり〝地際〟主義）が掲げられなければならないのである。そして地際主義にあっては、ある地域が「国家利益」のためのPAPを引き受ける、ということも生じうる。それもそのはず、地際関係を統轄するのは国家にほかならないからである。

私は、自分の生まれ育った北海道において、「国益のための北海道復興」と題して、PAPの仕事をささやかながら起ち上げようとしている。北海道には、資源、エネルギー、危機管理、都市、田園、学校、研究、開発などにかかわって、国益のために貢献しうる余地がたくさん残されている。それは国家のために北海道を犠牲にすることではない。まったく逆なのであって、国益に奉じることによって北海道の存在意義が明らかになり、そうなることによって北海道の活力が増すということなのである。

今、北海道を先頭にして日本国が全体として衰微の一途にある。その少なくとも半ばは、「改革」の名によって日本人がみずから飛び込んでいった自己破壊の帰結である。歴史なき国家、良識なき民主、規範なき自由、公的枠組なき市場、そうした方向を推し進めるのを改革と見誤った結果、日本における現在の世代は自分らの子孫に相続さすべき歴史の英知という遺産をあらかた消尽してしまった。その意味でも、精神の資産デフレは進行しているといってさしつかえない。今からではおそいのかもしれないが、座して死を待つの愚挙はやはり避けなければならない。

（出典：『土木学会誌』二〇〇二年六月号　特集『合意形成論：総論賛成・各論反対のジレンマ』）

おわりに／藤井 聡

西部邁先生が自裁されてから五年――筆者が深く尊敬申し上げている森田実先生と共に、西部先生を回顧する書籍をこうして形にすることができたこと程、筆者にとって有り難い事はない。

筆者にとって西部先生はかけがえのない恩師であった。

筆者がもしも西部先生と会う機会に恵まれなかったとすれば、全く別の人生を歩んでいたことは間違いない。

西部邁無き人生と今の人生とを比べ、何れの方が良かったのかなどと客観的に答える力量は筆者にはないが、西部邁無き我が人生は今の人生に比して、ずっと味気ない、おそらくはずっと退屈なものとなっていたことだけは間違いない。

それだけではない。

恐らくは、筆者が縁を持つあらゆる人々の人生もまた、西部邁と直接時間を共にする機会があったか否かはさておき、少なくとも筆者との縁を通して間接的に西部邁という存在によって、彼らの人生の豊饒性と人生の濃度を多かれ少なかれ増しているに違いない、とすら思える。西部邁と言う存在は、自然とそう思わせる程に、筆者にとって、そしておそらくは西部邁と縁を持つあらゆる人々にとって、いつまでも特別な重力波を発し続ける、そんな、巨大な存在だったのでである。

だから筆者には西部先生について十全に語り尽くす書をものす力量などある筈もない。我々がなにがしかを語るためには、かのウィトゲンシュタインが明晰に描写したように、そのなにがしかの幾分〝外側〟にまで自らの精神を拡大し拡張し、幾分なりともより高い、より大きな視座からそのなにがしかを眺めねばならないからだ。

そんな筆者がこの度、「西部邁」について語る書を出す機会を得ることができたのは偏に、「森田実」という、もう一人の知の巨人と共に西部邁について語りあう機会を得たからに他ならない。

学究の徒、言論人としての西部邁の人生を仮に東大時代の「第一期：学生運動期」、東大教授辞任までの「第二期：学者期」、そして今日の我々がよく知る東大辞任後の「第三期：言論期」の三つに分けるとするなら、森田先生は今やもう誰も語ることができなくなった西部邁の第一期の「学生運動期」と第二期の「学者期」を知る数少ない貴重な人物の一人なのである。

しかもそれは、ただ「知る」というだけではない。

森田先生は、西部邁が雲上人とすら評する七つも年上の東大、そしてブント・全学連における学生運動の先輩として、第一期の学生運動期の西部邁に決定的な影響を与えた人物でもあった。

そして、第二期の「学者期」には、（筆者を含めた）今日の現代日本人が認識している第三期の「言論期」の保守思想家、そして、評論家としての西部邁の礎となった著書『ソシオ・エコノミックス』を執筆する機会をつくったのが「森田実」だったのである。つまり、筆者が今の筆者の人生を歩むにあたって「西部邁」という巨大な要素が欠くべからざる枢要な要素であったように、その「西部邁」という存在も、「森田実」という存在にその多大なる影響を受けていたのである。

もとより「西部邁」という人物を知るには、時間を共に過ごすより他に適当な道はない。その意味において、筆者における、そして多くの人々における西部先生の喪失感は半端なものではない。しかし、「西部邁」と過ごした時間について語ることは、しかも、一人だけでなく異なる時期、異なる立場で「西部邁」と時間を過ごした二人で語り合うことは、西部邁と直接時間を過ごした事のない人々の精神に、なにがしかの少なからぬ影響をもたらし得るのではないかと思う。そういう影響によって、筆者の人生が西部先生によって恩師なかりせばあり得なかった方向へと展開していったように、読者各位のそれぞれの人生にも同種類のなにがしかの影響を与え得ることもあるのではないかと考えている。

それこそが、筆者、そして、森田先生の願いである。

それはつまり、筆者と森田先生とで西部先生について語り合うことで、西部邁という存在を今一度、その輪郭だけでもこの世に朧気にでも召還できぬだろうかとの願いである。

最後に、そんな願いを共に抱いた森田先生について、一言申し述べておきたい。

森田先生とは、西部先生の晩年、ちょうど本書に収録した西部邁ゼミナールでの森田・西部対談の頃から頻繁にご一緒させていただく機会を頂くようになった。森田実氏は筆者にとって、西部先生を知る遙か以前、まさに幼少の頃からテレビをつければいつも和服を召されて政治経済について語る著名言論人であった。後に政治や経済に関心を抱き西部塾の門を叩くに至る筆者にしてみれば、森田実氏は（西部先生にとってのみならず）筆者にとってもまさに「雲上人」であった。

そんな森田実氏と直接関わりを持つに至ったのは、当方としては初めて〝言挙げ〟せねばと考え、その出版を企図していた筆者の言論処女作『公共事業が日本を救う』（二〇一〇年）を準備していた頃であった。

当時の日本には、道路やダム等の公共事業を徹底的に叩く公共事業バッシングの嵐が激しく吹き荒れていた。政権与党であった民主党のスローガン「コンクリートから人へ」に象徴される全ての公共事業が〝悪〟だと断ずる風潮は明らかに行き過ぎであり、結果、日本の公益、国益が激しく毀損していることが明白であった。

この風潮に抗い、世論の趨勢を変えねば日本に明るい未来など訪れ得ぬと思い定め、当方は、公共事業肯定論の出版を企図した。そしてどの様な出版がなされているのかと国内の関連図書を調べたところ、公共事業叩きのものが何十冊と出版されている一方、公共事業を肯定的に語る書籍は俄に見つけ出すことが全くできなかった。しかしそんな中でたった二冊だけ、公共事業を肯定し、強力に弁護して見せる一般書籍があった。

それこそ、『公共事業必要論』（日本評論社、二〇〇四年）と『新公共事業必要論』（日本評論社、二〇〇八年）という森田実先生の書籍だったのである。

早速取り寄せ読了したところ、既にこうした「言挙げ」をされている方が、しかも著名言論人の中におられるのかと衝撃的な感銘を受けた。当方はそうして森田先生に書籍を通して励まされる事で、我が意をさらに強くし、日本国家再生に向けての公共事業再生論の展開を始めたのである。

以後、それがその後の国土強靱化やアベノミクスの展開に繋がっていくのだが、その展開の中で森田先生に直接お目にかかり、様々に議論させて頂く機会に幾度となく恵まれた。すなわち、筆者の言論活動は西部先生のみならず森田実先生にも大きな直接的影響を受けていたのである。

つまり、森田実先生は若かりし西部先生の学生運動や学者活動に直接影響を及ぼしていたように、その西部先生の弟子である当方の言論活動に対しても、直接影響をもたらしていたのである。いわば森田先生は驚くべきことに、西部先生と藤井という師匠と弟子のそれぞれに対して先達として一早く我等がなさんとした諸活動を展開し、後進のための道筋を付けて下さっていたのである。

その「先見の明」の凄まじさにはただただ感服する他ない。

それと同時に、森田実先生、西部邁先生、そして筆者を絡め取る、数十年の時を隔てて複雑に絡み合う〝縁〟の濃密な存在感にはただ感嘆する他ない。

この縁からすれば、西部先生が他界した今、筆者と森田先生とで西部先生を回顧し、その存在を対話の力を借りて召還せんと試みる書を出版するに至ることは、半ば必然であったと言えるようにすら思えてくる。

森田実先生は今、病床におられるとのこと……一日も早いご回復と退院を心より祈念する他ない。本書もこの「おわりに」の筆を擱けば完全脱稿となるが、退院された暁には、本書の出版のお祝いがてら、改めて西部先生に献杯差し上げ、先生の話を酒の肴に、是非とも、一献ご一緒いたしたいと願っている。

読者各位もまた、本書を通して、筆者と森田先生と共に西部先生に思いを馳せて頂ければ幸いの至りである。とりわけ、本書取り纏めにあたって奔走頂いた千葉義夫氏に深く御礼申し上げたい。

そして何より、森田先生、本書執筆含めて、先生とご一緒させていただいた数々の時間は、西部先生との数々の時間と共に、筆者の人生にとっていずれもかけがえのない時間でした。心より深謝の意を表します。

本当に、ありがとうございました。


令和五（二〇二三）年二月七日　京都　紫野にて

追悼　森田実／藤井聡

本書の全原稿をとりまとめ、その上で「おわりに」を書き終えたのが令和五（二〇二三）年二月七日の未明、であった。

当方は、本書においてとりまとめた全ての原稿について森田先生に、千葉義夫氏をはじめとしたご関係の皆様のひとかたならぬご協力を得る形で一つ一つ丁寧にご確認頂いていた。ついては、筆者が書き終えた最後の「おわりに」についても森田先生にご確認いただくことが是が非でも必要であると考えていた。それによってはじめて、本書が共著として完結することとなるからだ。

ついては「おわりに」を書き終えてすぐに京都発東京行きの新幹線の始発に飛び乗り、有明の病床に参上した。

前夜に、いよいよ危篤となられたとの旨の一報を受けていたものの、これまで幾度となく危篤の報を受けながら、強靱な精神力で生き続けてこられた森田先生のこと、再びお目にかかることができるに違いないと信じての上京であった。

病院に着くと、関係各位のご配慮で先生にお目にかかる機会を頂くことができた。

先生は確かに生きておられた。

枕元には奥様がおられた。奥様にご挨拶申し上げると、奥様から「今は言葉を発することはできませんが、しっかりとこちらが言っている意味は分かっております」とご説明頂いた。

先生の枕元に赴き、ご挨拶申し上げた上で「おわりに」の一文一文を、幾度となく涙で声を詰まらせながらゆっくりと朗読差し上げた。森田先生は何度もゆっくりと頷きながら、聞いておられた。

そして朗読を終えると、右手を高く上に伸ばされ、空中に何かのサインを書かれた。筆者にそのサインを的確に把握することはできなかったが、最後に当方から「この内容を『おわりに』として本書最後に掲載差し上げてよろしいでしょうか」とおたずねしたところ、大きく二度、うなずかれた。

そして当方から、「森田先生、これで先生と二人で全ての原稿を一緒に書き上げた事になりました。これにて本書も完成です。西部先生も喜んでおられると思います。先生、最後のご確認、本当にありがとうございました。」と、深々と頭を垂れつつ申し上げたところ、再び大きくうなずかれた。

そして、ひとしきり奥様とお話しさせていただき、森田先生にお言葉をいくつかかけさせて頂いた上で、「森田先生、それでは失礼いたします。ご退院されましたら、また是非京都にお越しください。是非また、一献ご一緒致しましょう」と申し上げ、病室を後にした。

その日の夕刻——都内で講演を終えて車で移動している折り、千葉氏から森田先生、ご逝去の一報を受けた。天を仰いだ。ご逝去されたのは、当方が森田先生に最後にお目にかかった僅か3

時間後とのことであった。

今思うと、森田先生が病床で右手を高く上げ、空中に書かれたあのサインはおそらく、感謝の意を表する言葉であったに違いない、と思う。僅か数時間の余命の中、病床で生死の間を彷徨っておられたまさにその刹那に、筆者の文章の意味を的確に理解し、先生の絶筆となる最後の書籍にそれを掲載することを是とする意を伝えるばかりか、他者に感謝の意を表すことを決して忘れぬ「森田実」という人物はまさに、我々の様な戦後生まれの日本人には到底到達しえない、日本が生んだ至高の偉人であった。

あのとき、森田先生は病床で、京都で筆者と共にした食事や、西部邁先生と過ごした数々の時間の断片を思い起こされたに違いない……。生涯を終えるその最期の時間に、わずかなりとも共に過ごさせて頂き、日本の独立と繁栄を思い続けた先生の最後の最後の公的な仕事に携わらせて頂き、温かいメッセージまで頂くことができた幸運に深い感謝の念を抱かずにはいられない。

思えば危篤の報を受けたのは、年明けであった。その時ですら既に今日明日、命が途絶えても致し方ない状況に至っているというのが担当医の判断であるとの旨を耳にしていた。あれから一ヶ月、先生の魂は、まさにこの共著ができあがるまさにその瞬間のために、生きてくださっていたのかもしれないと、誠に僭越ながら感じた。

森田先生、本当に、ありがとうございました。

先生からお受けした御恩は、一生、そして死してもなお、忘れることはありません。

近い将来、また、そちらでお目にかかれますこと、心より楽しみにしています。先生はおそらく、そちらで西部邁先生と語り足りなかったこちらでの議論の続きを、じっくりと楽しく、そして真剣に重ねておられるのではないかと思います。当方がそちらに参りました折には、そのお二人の議論の場の端にでも座らせて頂ける幸運を頂戴できますと、この上なくありがたく存じます。それまでの間、僕はもう少しだけ、こちらの世界で頑張りたいと思います。

森田先生、本当にありがとうございました。

先生のご冥福を、心より深く、お祈り申し上げます。

令和五（二〇二三）年八月一四日　森田先生と夕食を過ごした食卓にて

西部 邁（にしべ すすむ）

一九三九（昭和一四）年、北海道長万部生まれ。二〇一八（平成三〇）年一月二一日逝去。思想家、保守派評論家、経済学者。東大経済学部在学中、東大自治会委員長・都学連副委員長・全学連中央執行委員。横浜国立大学助教授、東大教養学部助教授を経て東大教授、後に退職。

著書に『経済倫理学序説』吉野作造賞、『生まじめな戯れ』サントリー学芸賞、第八回正論大賞、『サンチョ・キホーテの旅』芸術選奨文部科学大臣賞受賞。『六〇年安保――センチメンタル・ジャーニー』、『妻と僕――寓話と化す我らの死』、『ファシスタたらんとした者』など著書多数。

雑誌『発言者』主幹、『表現者』顧問、『北の発言』編集長などを歴任。

森田実（もりた・みのる）
政治評論家。東日本国際大学名誉学長。森田実地球文明研究所所長。山東大学名誉教授。1932年静岡県伊東市生まれ。神奈川県小田原市の相洋中学・高校卒業。東京大学工学部卒業。学徒動員の最後の世代として戦争を経験。若き日は学生運動に身を投じリーダーとして活動。また原水爆禁止世界大会に参加し、広島・長崎の被災地慰問など平和運動に取り組む。日本評論社出版部長、『経済セミナー』編集長などを経て、1973年に評論家として独立。以後、テレビ・ラジオ、著述、講演活動などで活躍。晩年は、名誉学長を務める東日本国際大学をはじめとする各大学などでの教育事業に尽力した。2023年2月7日、悪性リンパ腫のため逝去。享年90歳。

藤井聡（ふじい・さとし）
京都大学大学院工学研究科教授、1968年生。京都大学卒業後、スウェーデンイエテボリ大学心理学科客員研究員、東京工業大学教授等を経て現職。2012年から2018年まで安倍内閣・内閣官房参与としてアベノミクス、国土強靱化等の政策アドヴァイスを担当。文部科学大臣表彰、日本学術振興会賞等、受賞多数。著書「MMTによる令和新経済論」「大衆社会の処方箋」「凡庸という悪魔」「列島強靭化論」「政の哲学」等多数。東京MXテレビ「東京ホンマもん教室」、朝日放送「正義のミカタ」、関西テレビ「報道ランナー」、KBS京都「藤井聡のあるがままラジオ」等のレギュラー番組多数。2018年より保守思想誌・表現者クライテリオン編集長。表現者塾（西部邁塾長）出身。

「西部邁」を語る

2024年1月30日　初版第1刷発行
2024年2月10日　初版第2刷発行

著　者　森田実・藤井聡
発行者　森下紀夫
発行所　論 創 社
〒101-0051 東京都千代田区神田神保町 2-23　北井ビル
tel. 03（3264）5254　fax. 03（3264）5232　web. https://ronso.co.jp
振替口座　00160-1-155266
装幀／三浦正已
印刷・製本／精文堂印刷　組版／フレックスアート
ISBN978-4-8460-2359-1　